아한 태도가 가장 강력하다

손서율

채륜

프
롤
로
그

바다 위를 나란히 항해하던 배들이 풍랑을 만나
자 각기 다른 움직임을 보입니다.

작은 어선인 소형선박은 풍랑에 요란하게 휩쓸
리며 금방이라도 전복될 것처럼 위태롭지만, 유조
선 같은 초대형선박은 비교적 고요하고 안정적으
로 순항합니다.

사람도 마찬가지입니다. 똑같은 위기를 마주해도
내면의 힘이 약한 사람은 금방 속내를 드러내 보이
며 위태로운 감정을 숨길 수 없지만, 내면이 단단한

사람은 오히려 차분하고 이성적인 태도를 보입니다. 이런 우아한 태도 속에 담긴 강력한 정신은 주위 사람들도 본능적으로 느낄 수 있는데 이것이 바로 친절하지만 함부로 대할 수 없는 품격 있는 사람의 특징입니다.

내면의 성장은 조그마한 소형선박이 보완에 보완을 거쳐 대형선박으로 거듭나는 것과 같습니다.

인생을 살다 보면 원하지 않아도 크고 작은 풍랑들을 계속해서 만나게 됩니다. 무례하게 구는 사람과 맞서야 할 때도 있고, 부단히 노력해 온 나의 노고가 부당함에 묻혀 수포로 돌아갈 때도 있고, 내 뜻대로 흘러가지 않는 인생에 하늘이 원망스러워질 때도 있습니다.

그렇게 풍랑에 이리저리 휩쓸리다 보면 배가 덜 흔들리게끔 보완해야 할 곳이 어딘지 하나둘 보이기 시작합니다. 잔잔한 바다를 항해할 때는 전혀 몰랐던 자신의 약점들을 풍랑을 만나고 나서야 비로소 깨닫게 되는 거지요. 그래서 사람은 위기를 겪으면 급속도로 발전하게 됩니다.

"너는 어떠한 위기에서도 건강한 정신을 지켜 내는 단단한 사람이야" 이런 이야기를 듣는 저도 처음에는 작고 위태로운 어선일 뿐이었습니다. 그러나 거친 풍랑 속에서 살아남기 위해 선체를 보완해 왔고 이제는 제법 묵직한 대형선박이 될 수 있었습니다.

이 책은 삶에서 여러 가지 풍랑을 겪어 보며 깨달은 것들을 기록한 저의 항해일지입니다.

이 항해일지가 독자분들의 간접 경험이 되어 앞으로 마주할 풍랑의 유용한 대비책이 되기를 기원합니다.

2023년 10월
손서율 드림.

차례

2장

삶에 애정을 품으면 보이는 것들

3장

모든 정답은 내 안에 있었다

1장 | 관계의 미학은
센스로 완성된다

무례한 사람을 이기는
확실한 방법

친구 윤은 며칠 전 소장에게 선 넘는 발언을 들어 분노에 휩싸였다.

"윤씨 남자친구랑 여행 갔던 사진 좀 보여 줘, 궁금해."

친분이 있지도 않은 상사에게 사적인 사진을 보여 주는 게 망설여졌던 윤이 우물쭈물하자 "왜 안 보여 줘? 혹시 유부남 아니야?"라고 되묻더란다.

대체 어떤 뇌 구조를 가졌으면 이런 무례한 멘트

를 생각해 낼까 싶으면서도 윤의 친구 입장으로서 상당히 기분이 언짢았다. 윤은 소장이라는 직함에 눌려 적절한 대응을 하지 못했고 예상치 못하게 훅 들어온 무례한 말에 당황스러운 나머지 억지웃음으로 상황을 모면했다.

이렇게 보통의 사람들은 상사에게 무례한 말을 들으면 당황하며 윤처럼 넘어가는 경우가 많다. 그러나 '말'이라는 속성은 글과 달라서 순식간에 공기 중으로 증발해 버리기 때문에 그 상황을 지나쳐 버리면 증거조차 남지 않는다. 결국 남는 건 피해자의 분노와 상처뿐이다.

그러므로 무례한 사람을 대처하는 방법 중 가장 중요한 팁은 '현행범으로 검거'하는 거다. 상대가 무례한 말을 내뱉는 순간 곧장 대응사격을 해야 현행범으로 잡을 수 있다.

"왜 안 보여 줘? 혹시 유부남 아니야?"

"소장님, 방금 한 말은 상당히 무례하신 것 같은

데요?"

화려한 언변이 없어도 이 한마디면 충분하다. 누가 봐도 무례한 상황에서 무례하다고 정의하는 거니 반론할 수도 없다. 만약 상대가 안하무인으로 "그게 뭐가 무례하냐."라고 나온다면 그냥 말없이 그 자리를 박차고 나가면 된다. 백 마디 욕보다, 이렇게 단호하고 이성적으로 대처한다면 도리어 무례한 사람 입장에서는 당황할 수밖에 없다. 누가 봐도 상대가 이상한 거고 나는 이성적인 사람이 된 거니까. 이렇게 상대의 이미지가 실축된 현장에서 주변에 관중까지 있어 준다면 더 나이스한 완승이다.

만약 무례한 사람을 현행범으로 검거하지 못했다면 무슨 일이 일어날까?

윤이 후에 이 사건에 대해 사과를 요구한다면 도리어 윤에게 그땐 함께 웃어 놓고 왜 뒤에 가서 딴소리하냐는 이야기가 나올 것이다. 이렇게 타이밍을 한번 놓치면 사과받기 더 어려워지고 한번 선을 넘어 봤는데 별다른 대응을 하지 못하는 걸 보면 상대에게 이미 만만한 사람으로 낙인찍혀 다음번에도 타깃이 될 확률이 높다. 무례한 상대가 어려운 상사라서 괜히 긁어 부스럼을 만들까 봐 대응사격을 하지 못한다면 사태는 갈수록 점점 더 심각해진다. 똥이 더러워서 피한다는 말은 이런 지속적인 괴롭힘에는 먹히지 않는 이야기다.

만약 순간적인 대처능력과 말발이 없어 받아치는 게 어렵다면 "방금 한 말은 상당히 무례하신 것 같은데요?" 같은 준비된 멘트 하나만 가슴속에 장전해 놓고 살자. 누구나 자기 자신을 지키는 공포탄 한 발 정도는 지니고 살아야 한다.

아이러니한 사실은 윤은 나보다 훨씬 친절한 사람인데 주변에 적이 많다는 거다. 그녀는 항상 상대방의 기분을 살피고 배려하며 자신이 내키지 않는데도 분위기의 흐름을 깨지 않으려고 노력한다. 반면, 나는 평소에는 친절하지만 선을 넘는다면 단호한 대응사격이 가능하다. 윤의 일상에는 무례한 사람들이 많고 나의 일상은 평화롭고 고요하다.

이건 내가 특별히 운이 좋은 게 아니라, 무례한 사람들은 자기방어용 공포탄을 지닌 사람을 귀신같이 알아보고 피해 가기 때문이다. 인간은 자신이 발 뻗을 수 있는 곳을 본능적으로 안다.

나는 윤의 손에 공포탄을 쥐여 주었다. 이제 윤에게 남은 과제는 무례한 사람에게 공포탄을 쏠 수 있는 용기이다.

그녀가 꼭 해내길 바란다.

이상한 가게의
알바생으로 살아남기

"아 귀찮아! 바닥 닦지 말라고! 내버려 두라니까?"

사장님은 온갖 짜증을 부리며 의자 위로 다리를 올렸다. 그의 둔탁한 무게를 감당하기 힘든 의자가 위태롭게 휘청거린다.

"어휴, 사장님! 바닥에 떨어진 술 안 닦으면 끈적거려요! 나오세요."

아르바이트생이 청소하겠다는데 귀찮다고 짜증

내는 사장님이라니... 놀랍지만 실화다.

2008년, 스물한 살 파릇파릇한 대학생이었을 때다. 한참 부족한 용돈에 허덕이던 나는 주말 알바를 구하기 위해 구인 사이트를 뒤적이다가 심각하게 성의 없는 알바 공고를 발견했다.

• 알바 구함
외국인 bar, 칵테일 제조,
그 외 간단한 청소, 다른 업무 없음

"발로 써도 이거보다 길게 쓰겠네."

워낙 내용이 없어 혹여나 이상한 곳이 아닌가 의심이 되었지만 비교적 소박한 시급을 보니 그럴 리는 없을 것 같았다.

면접을 보기 위해 가게 앞에 도착했는데 검은색 시트지로 도배된 다크한 외관을 보니 선뜻 문을 열지 못하고 한참을 망설였다.

"뭐야 이상한 데 아니야? 들어가기 좀 무서운

데..."

심호흡을 하고 언제 망설였냐는 듯 당차게 문을 열고 들어서자마자 눈이 휘둥그레졌다. 서부영화에서나 보던 컨트리바 같이 허름한 곳이었다. 벽에는 나름 인테리어 용도라고 추정되는 하키 유니폼과 낡은 다트판 위로 촌스러운 전구들이 반짝이고 있었다.

"안녕하세요! 면접 보신다고 좀 전에 통화했었던..."

"아. 예, 여기 앉으세요."

가게 분위기만 보면 화려한 자수로 수놓인 웨스턴 부츠와 카우보이모자를 쓴 장발의 남자가 사장님일 것 같았는데 의외로 회사에서 흔하게 볼 수 있는 야근에 찌든 듯한 과장님 느낌의 배 나오고 안경 쓴 아저씨가 사장님이셨다.

사장님은 세상만사 귀찮다는 표정으로 내 이름과 나이만 듣고 바로 채용하셨다.

"이번 주 금요일부터 출근하세요."

"네? 아... 네 감사합니다."

그렇게 첫 출근을 하던 날, 면접을 보느라 경황이 없어 제대로 보지 못했던 가게 인테리어를 다시 마주하니 생각보다 더 참담했다.

"어휴 이 촌스러운 조명은 뭐람. 아이스하키 유니폼은 대체 왜 걸어 둔 거야. 캐네디언 전용 바인가?"

가게를 둘러보며 고개를 절레절레하는데 뒤에서 소리도 없이 다가온 사장님의 목소리에 깜짝 놀라 경기를 일으켰다.

"으악 깜짝이야!! 앗 죄송해요... 뭐부터 하면 될까요?"

"그냥 앉아 있어."

사장님은 바 의자를 하나 가져와 건네더니 그냥 앉아 있으라고 했다. '그냥 앉아서 멍 때리기' 이게 내 첫 임무였다.

"여기 있는 술은 근무 중에 언제든지 마셔도 돼. 뭐 마실래?"

첫 출근부터 아무것도 안 하고 앉아 있는 와중에 공짜 술 무한리필 직원 복지를 들으니 어안이 벙벙했다. 나열되어 있는 술 중에 달달한 베일리스 밀크가 땡겼지만 9시가 되도록 손님이 한 명도 오지 않아 눈치껏 값싼 생맥주를 따라 놓고 홀짝거렸다.

'뭐야 대체 나를 왜 쓰는 거야? 이런데 손님이 오긴 오나?'

마음이 불편해서 몇 시간 내내 눈치를 보고 있자니 가재미눈이 될 것 같았다. 내가 걱정하든 말든 사장님은 혼자 맘 편하게 부른 배를 두드리며 빔프로젝터에 좋아하는 뮤비를 틀어 놓고 흥얼거렸다.

10시가 되어서야 기적 같은 문소리와 함께 외국인 손님들이 들어오기 시작했다. 다들 여기 단골인 건지 내가 뉴페이스인 걸 단번에 알아보곤 외쿡 리액션으로 인사를 건넸다.

대부분 근처 학원가에서 일하는 원어민 강사였다. 그들이 나에게 질문해 봤자 이름 정도 묻겠거니

예상했는데 생각보다 디테일한 질문 공격으로 영어 울렁증을 유발했다.

"나이가 몇 살이니?"

"대학생이니?"

"전공이 뭐니?"

"그 전공을 선택한 이유는 뭐니?"

"남자 친구는 있니?"

"여기서 어떻게 일하게 됐니?"

아니 외국인들은 남에게 관심도 없고 나이도 안 궁금해한다며... 누가 그런 소릴 한 거지? 끊임없이 이어지는 질문 어택으로 갑자기 분위기 영어 듣기 평가였다.

내가 당황해서 어버버하자 보다 못한 사장님이 통역으로 나섰는데 아까까지만 해도 세상만사 귀찮다는 표정으로 술만 들이키던 분의 입에서 유창한 영어가 술술 나왔다. 만사가 귀찮으신 분이 영어 공부는 어떻게 한 건지 신기할 따름이었다.

통역을 하던 사장님은 갑자기 흥에 겨우신지 위

스키를 꺼내 와 연거푸 들이켰다. 그리고 얼마 뒤 스르르 일어나 바 밖으로 나가시더니 홀 테이블 소파에 누워 자리를 잡고 숙면을 취하는 게 아닌가? 오늘 아르바이트 첫 출근인 나에게 가게를 통째로 맡기시고는 아주 편안하게 꿈나라로 떠나셨다.

레시피도 모르는 칵테일 주문이 들어와 어쩔 줄 몰라 하는데 한쪽에서는 또 계산을 하겠다고 카운터에 서 있고 이런 혼돈 속에서 모든 손님들이 나에게 영어로 이야기하니 미치고 팔딱 뛰겠는데 사장님은 대짜로 뻗어 코를 골고 있다. 음악이 꽤 시끄러운데도 포크레인이 온 건지 사장님 코 고는 소리는 음악 소리에 결코 밀리지 않았다.

모르는 레시피의 칵테일은 맥주나 두 가지만 섞으면 되는 간단한 칵테일로 모두 변경하여 주문을 받고 여차저차 마지막 팁 계산까지 해낼 동안 사장님의 진격의 포크레인 소리는 멈추지 않았다.

웃긴 건 손님들 모두 익숙한 일이라는 듯 신경도 안 쓰고 사장님 코 고는 소리를 BGM 삼아 자연스럽게 술을 마시고 있다.

겨우겨우 마감을 끝내고 나서 사장님을 흔들어 깨웠지만 도통 일어날 생각을 하지 않는다. 가게 문을 잠그고 나가야 하는데 가게 키가 어디 있는지 몰라서 한참을 뒤져 봐도 찾을 수 없었다.

"사장님?? 사장님!! 일어나 보세요. 마감 다 끝났어요. 문 잠가야 하는데 키가 어디 있는지 모르겠어요."

"아 좀... 졸려 죽겠네 그냥 가."

결국 첫 출근부터 만취한 사장님이 널브러져 있는 가게 문을 잠그지도 못한 채 사장님을 버리고(?) 퇴근했다.

2주 차 출근하고 나서야 사장님이 날 고용한 이유를 깨달았는데 본인이 근무 시간에 술을 진탕 먹고 자기 위해서였다. 1시쯤 되면 스르르 나가 테이블 소파에 눕는 게 그의 패턴이었다.

문제는 사장님이 꿈나라로 떠나면 가게는 무법지대가 되었다. 가게를 지키는 건 쪼매난 동양인 여자애 한 명뿐이니 얼마나 만만했을까? 유교문화에 스쳐본 적도 없는 자유로운 서양인들의 취중 똘끼는 상상을 초월했다.

바 안으로 무단 침입해서 본인이 설거지를 하겠다고 고집을 부리는 인간, 자기가 무슨 코요테 어글리인 양 바 위로 올라가서 춤을 추는 인간, 다트 핀으로 서로 맞추겠다고 집어던지는 인간들.

그중에서 가장 베스트 오브 베스트 원탑 똘끼는 가게 밖 화장실에 걸린 두루마리 휴지를 머리에 두르고는 한 번도 끊기지 않게 조심조심 이어서 가게 안까지 들어온 인간이었다. 화장실은 50m가량 떨어진 곳에 있었는데, 그는 자신이 만들어 낸 기나긴 '휴지 길'을 자랑스럽게 보여 주며 흐뭇한 미소를 지었다. (캐나다인으로 기억함. 진짜 찐이다 이놈은)

이렇게 자유분방한 외국인들도 사장님이 깨어 있는 시간에는 순한 양이 되어 얌전히 테이블에 앉아 맥주를 홀짝거릴 뿐이었다. 어쩜 이렇게 태도를

싹 바꾸는지 기가 찼는데 얼마 안 가 그 이유를 알
게 됐다.

그날도 여느 때처럼 포크레인이 된 사장님은 소
파에 누워 코를 골고 있었고 가게는 무법지대가 되
어 다들 바에 들어와 춤을 추고 있었는데 그날은
웬일인지 사장님이 갑자기 잠에서 깨어나셨다.

"게라웃!!!!!!! (나가!!!!!!!!)"

화통을 삶아 드셨는지 그렇게 큰 목청은 난생처
음 들어 보았다. 다들 빛의 속도로 후다닥 뛰어나가
자기 자리로 돌아갔는데 이 또한 한두 번 있는 일
이 아닌 것 같았다.

난생처음 해 보는 이상한 아르바이트였지만 몇
달간 일을 하다 보니 차차 익숙해졌고 설거지 주사
를 부리는 손님에게 접시를 깨지 않고 설거지하는
방법을 가르쳐서 일손을 보태는 경지에 이르렀다.

일이 익숙해지고 여유가 생기자 슬슬 사장님이
걱정되기 시작했다. 외국인들을 상대로 술장사를

하는 건 마진이 거의 남지 않았기 때문이다. 한국인들이야 음주가무의 민족답게 앉은자리에서 맥주 몇천cc는 우습게 마시지만 외국인들은 500cc짜리 생맥주 한 잔을 시켜서 몇 시간 내내 들고 다니며 수다를 떨었다.

게다가 럼콕, 진토닉 같은 간단한 칵테일은 한 잔에 몇천 원밖에 하지 않기 때문에 나에게 월급을 주느라 가겟세를 못 내고 계신 건 아닌지 걱정되는 마음에 사장님에게 종종 잔소리를 했지만 사장님은 이런 내 마음도 모르고 매번 귀찮다고만 하셨다.

"사장님, 안주로 간단한 나쵸 같은 거라도 팔아보는 건 어때요?"

"아 귀찮아! 술만 팔 거야."

"나쵸가 뭐가 귀찮아요! 접시에 담아서 소스만 내주면 되는데."

"아!! 진짜 싫어!! 안주는 알아서 사 와서 먹으라 그래."

결국 나도 사장님을 포기했고 매번 술 먹고 뻗어 있는 사장님을 버리고(?) 몇 달 동안 나 혼자 먼저 퇴근을 해 왔는데 어느 날 웬일로 사장님이 오늘은 잠들지 않을 테니 끝나고 회식을 하자고 하셨다.

그날 약속대로 사장님은 술을 절제하셨고 멀쩡하게 함께 퇴근해서 회식을 갔다. 회식이라고 해 봤자 조촐하게 오뎅바에 가서 소주 한잔 기울이는 게 전부였다.

그때 처음으로 사장님의 사적인 이야기를 듣게 되었는데 그는 외국에서 잠깐 살았던 이력이 있고 몇 년 전에 이혼을 했으며 아내가 양육권을 가져가서 지금은 오롯이 혼자 지내고 있다고 했다.

스물한 살이었던 내 눈에 비친 사장님은 신기한 어른이었다. 보통의 어른들처럼 어른스러운 면이 전혀 없었다. 귀찮으면 때려치우고, 졸리면 자고, 먹고 싶으면 먹고 마치 본능에 충실한 어린아이와 같았는데 그때는 나 또한 너무 어려서 그런 사장님을 이해할 수 없었다.

15년이나 지난 지금, 돌이켜 생각해 보니 사장님은 그때 마음이 많이 아팠던 것 같다. 이혼으로 가족들을 모두 잃은 슬픔은 그를 무기력하게 만들었고 점점 숨통을 조여 오는 우울감에서 해방되는 방법은 술의 힘을 빌려 잠을 청하는 방법뿐이었겠지.

15년 전 겨울, 창문에 잔뜩 김이 서린 오뎅바에서 나는 사장님의 술잔에 소주를 기울이며 잔소리를 늘어놓았다.

"사장님, 안주로 나쵸나 땅콩이라도 좀 팔아 봐요. 제가 다 할게요."

"사장님, 주무시지 좀 마세요! 사장님 주무시면 혼자 하기 바빠서 단가 안 나오는 맥주랑 간단한 칵테일밖에 못 판단 말이에요."

만약 지금의 내가 그 겨울 오뎅바로 다시 돌아갈 수 있다면 그에게 잔소리를 늘어놓는 대신 그의 술잔에 소주를 기울이며 이런 이야기를 할 것 같다.

"사장님, 많이 힘드셨죠? 그동안 몰라줘서 미안
해요."

내가 베푼 호의가
둘리가 된다면?

"타인에게 베푼 만큼 돌려받지 못한다"
"내가 베푼 호의는 당연하게 여겨진다"

요즘 내 주변 지인들에게 가장 많이 듣는 고민이
다.

이런 고민을 가진 사람들의 공통된 특징은 자신
의 기분을 무시하고 타인의 기분에 초점을 맞추는
착한 사람 콤플렉스를 가지고 있다.

예로 들 수 있는 가장 적합한 인물이 생각났다. 대학 시절 학교 동기 중에 네 살 많은 언니가 있었는데 그녀는 만인의 엄마 같은 사람이었다. 당시 유일하게 차를 몰고 다녔던 그녀는 매일 아침 등굣길에 강의를 함께 듣는 동기들을 픽업하느라 진땀을 흘렸다.

그녀는 동기 한 명 한 명 직접 찾아가는 픽업 서비스를 매일 아침마다 제공했는데. 엄청난 번거로움을 감수해야 하는 그녀의 호의가 어느새 당연한 일처럼 되어 버렸다.

이렇게나 감사한 일이 어떻게 당연시될 수 있었을까?

그녀는 거절을 못 하는 예스걸이었다. 누군가 부탁을 해 오면 내키지 않아도 단번에 수락하고, 뒤에서 홀로 수습하며 끙끙 앓았다. 매번 자신의 결재를 거치지 않고 바로 수락해 버린 것이다.

그렇게 자신의 존재감을 무시한 대가로 내키지

도 않았던 픽업 서비스를 매일같이 하면서도 고맙다는 인사조차 듣지 못하게 되었다.

반면, 나는 누군가에게 부탁을 받으면 예스라는 대답을 하기 전에 먼저 나 자신에게 결재를 받는다.

"마마~ 이러이러한 부탁을 받았는데 들어줘도 괜찮나이까?"

그럼 내 내면에 상주하고 계신 마마님은 도도하게 말씀하신다.

"응 그건 내키니까 해 줘~"

"그 부탁은 내가 너무 번거로워지잖아 싫어!"

"애매하긴 한데 왠지 안 내키니까 반려할래."

나는 시간이 조금 걸리더라도 내 안에 상주하고 계신 마마님께 최종 승인을 받은 다음에 예스라는 대답을 한다. 이 과정은 나 자신의 존재감을 존중해 주는 행위이다.

이렇게 살면 남들에게 싸가지 없다는 소리를 들

고 인간관계에 문제가 생기지 않냐고? 아이러니하게도 "강단 있다"는 소리를 듣고 산다. 게다가 내가 베푼 호의는 부메랑처럼 대부분 다시 돌아온다.

까다로운 마마님의 승인을 받은 호의라는 걸 상대방도 잘 알기에 더욱 귀하고 감사한 마음이 들기 때문이다.

만약, 마마님께서 부탁을 반려하셨다면 상대방에게 반려당한 이유에 대해 정확하게 전달하면서 이번 부탁은 들어주지 못해 미안하다, 다음에 도울 일이 있으면 기꺼이 돕겠다고 정중하게 이야기한다. 마무리는 좋게 끝냈지만 거절한 이유를 명확하게 알려 놓았기 때문에 상대는 다음부터 곤란한 부탁을 하지 못한다.

이렇게 자신의 목소리에 귀 기울이고 소신 있게 행동하면 친절하지만 만만하지 않은 사람이 된다.

반대로 자신의 결재를 거치지 않고 (나의 기분을

신경 쓰지 않고) 매번 타인의 부탁을 들어주게 된다면 어떤 일이 벌어질까?

예를 들어 회사에 재정팀이 사라진다고 생각해보자. 재정팀은 직원들이 사용한 법인카드가 올바른 용도로 쓰였는지 확인한 후에 결재를 한다.

만약, 이 결재 과정이 사라진다면? 모든 직원들은 법인카드를 개인적인 용도로 신나게 긁을 것이다.

처음엔 '이래도 되나?' 걱정을 하겠지만 결재자가 사라졌으니 문제 될 게 없다. 죄의식은 점점 사라지고 위법한 행위가 당연시될 수밖에 없다.

인간관계도 똑같다. 누군가 나에게 선을 넘으려 할 때 명확한 이유를 들어 거절한다면 상대방은 "이 사람은 결재 시스템을 거쳐야 되는구나"라는 사실을 본능적으로 감지하게 된다. 그 뒤로는 신중하게 생각한 다음에 부탁을 하게 되고 부탁을 들어준다면 더 감사한 마음을 갖게 된다.

누구보다 감사하는 마음을 가지고 산다고 자부했던 나도 예스맨과 연애를 하면서 감사함을 잊은 적이 있었다. 예스맨은 나의 의견이나 요청들을 군말 없이 들어주는 착한 남자친구였는데 가끔 그가 "싫어!"라고 반기를 들 때면 희한하게 그런 그의 모습이 더 좋았다.

"싫어!"라는 대답을 들으면 잊고 있었던 그의 존재감이 크게 부각되면서 그동안 그가 나에게 베풀었던 호의들을 다시 한번 생각해 보게 된다.

"그의 수많은 예스 속에는 싫어도 양보해 준 부분이 많았겠구나" "그도 나름의 결재 과정을 거쳐서 나의 의견을 수용해 준 거였구나" 라는 생각이 들면서 새삼 고마운 마음이 들었다. 사람의 심리는 이렇게나 묘하다.

만약 지금 내 주변에 곤란한 부탁들을 자주 해오거나, 나의 호의를 당연하게 생각하는 무례한 사람들이 많다면 주변을 탓하기 전에 내가 나라는 존재에게 어떤 대접을 하고 있는지부터 체크해 봐야 한다.

내 의사를 발언할 기회를 주고 있는지,
타인에게 맞추느라 내 기분을 철저하게 무시하고 있지는 않았는지

귀한 마마님으로 모시고 있는지,
말 한마디 못하고 소처럼 일만 하는 노비로 취급했던 건 아닌지

"내가 나라는 존재에게 어떤 대접을 하고 있는지 상대방은 본능적으로 알아차리고 나에게 똑같이 행동한다"

혼자서만 '회식 출연료'를 받았던 비결

내 나이 스물여섯, 대기업 건설사에서 일하던 시절 나는 본사에서 가장 나이도 어리고 짬밥도 없던 티끌 같은 존재였는데 나와 다를 바 없는 남자 사원과 함께 회식에 끌려갔던 날이었다. 그는 가장 낮은 신분인 죄로 소장님과 팀장님이 계신 절대 권력자들의 테이블에서 술 따르고 고기 굽는 도우미로 열심히 고기를 뒤집고 있었다. 고기 굽기도 바쁜데 술까지 첫 번째 타자로 받아 마셔야 하는 최악의 자리였다.

　얼마 지나지 않아 절대 권력자들의 테이블에서는 믿기 힘든 광경이 펼쳐졌다. 그는 소주를 딱 세 잔 받아 마신 후 손에 집게를 쥔 상태로 앉아서 자고 있었는데 그 형상은 마치 부처와 같았다. 테이블에 엎드려 자거나 고개를 꾸벅거리며 조는 불완전한 인간의 자세가 아닌, 경주 석굴암의 본존불처럼 90도 직각으로 허리를 펴고 벽에 기대어 양반다리 자세로 명상하듯이 자고 있던 것이다.

　150g에 3만 5천 원짜리 소고기는 새까맣게 타들어 갔고 그의 얼굴 위로 뿌연 연기가 휩싸였지만 평온한 부처의 얼굴과 콜라보되니 마치 신성한 구름과 같이 느껴졌다. 고작 소주 세 잔에 절대 권력자들과 타들어 가는 소고기 앞에서 뿌연 연기를 온 얼굴로 맞으며 완전한 OFF 상태로 잠이 든 게 말이 되나 싶었지만 아무도 그를 깨우거나 나무라는 사람은 없었다.

　"저 자식은 술을 진짜 못하나 봐? 어떻게 저러고

자냐."

"그러게요. 어지간히 약한가 봐요. 깨울까요?"

"아냐 자게 냅둬."

그가 부처 모드일 때 그에게 갈 술잔이 다 나에게 왔다. 원래라면 한 잔 먹을 술을 그의 몫까지 두 잔씩 먹는 느낌이었다. 그날 그는 소주 세 잔을 마시고 꿀잠을 잔 뒤에 개운하게 기지개를 켜며 귀가했고 나는 집에 가서 역한 속을 비우느라 변기를 잡고 한참을 씨름했다.

여기서 그의 특권은 끝나지 않았다. 그날 부처 쇼를 선보인 이후로 회식 때마다 그 앞에는 소주 대신 달달한 사이다가 있었다. 그는 고작 첫 회식에서 알콜쓰레기 캐릭터로 완벽하게 자리매김한 것이다.

이게 얼마나 대단한 일이었냐 하면 2013년도 당시 미개했던 기업문화에 심지어 건설사... 군대 문화가 만연한 회식에서 술을 못하는 여직원들마저 강제 소주 파티에서 열외 되지 못했다.

두 시간 내내 릴레이 건배사와 함께 원샷을 외치는 미개한 의식을 치르는 원시 부족들 사이에서 그는 홀로 소주잔에 기포가 뽀글뽀글 올라오는 달달한 사이다로 목을 축이며 강 건너 불구경하듯 우리가 최후를 맞이하는 모습들을 구경했다.

길거리에서 오바이트를 하고, 비틀거리며 사경을 헤매느라 택시도 못 잡던 팀원들은 다음 회식에서 갖은 핑계로 술을 빼 보려 해도, 꼰대력으로 단단히 무장한 팀장 앞에서 전혀 먹히지 않았지만 그의 소주 세 잔 컷 부처 쇼는 단 한 번만으로 완벽한 열외 대상자가 되었다.

나는 경이로운 그의 생존 능력을 관찰하기 시작했다. 그는 지방 현장으로 파견되어 한 달에 한 번씩 본사로 올라와 보고서를 제출했는데 결재판 첫 번째 사인란은 나의 몫이었다.

매달 내는 보고서인데도 매번 서류가 한두 가지씩 빠져 있는 실수가 잦아서 그의 보고서는 유독

심혈을 기울여 체크해야 했는데 세 번째 실수를 찾아내며 슬슬 짜증이 날 무렵 그는 잽싸게 아이스 바닐라 라떼를 사 와 내밀었다.

아이스 바닐라 라떼로 내 잔소리를 막아 내며 1차 고비를 넘겼지만 2차 결재자인 남자 대리가 서류를 보다 말고, "야 이 새끼야!! 보고서가 이게 뭐야!!"라고 외치니 그는 헐레벌떡 뛰어가 머리를 조아리며 "옙!! 죄송합니다!! 수정하겠습니다!!"라며 군기가 바짝 든 모습을 연출했다.

이름만 불러도 용수철처럼 벌떡 일어나 뛰어오는 오버 액션과 적절한 타이밍에 맞춰 아이스 커피를 건네는 게 그의 주된 생존 방법이었는데 건설사에서 가장 좋아하고 잘 먹히는 인재상이었다.

그렇게 군기 가득한 이등병 이미지로 충분히 각인시킨 후 첫 회식에서 소주 세 잔에 갑자기 부처 퍼포먼스를 하니 "저렇게 바짝 군기 든 놈이 오죽 술을 못하면 그랬겠어?"라는 기적 같은 문장이 꼰대왕 팀장 입에서 나왔고 매달 본사에 오면 당연하게 치러야 했던 지옥의 소주 파티에서 그는 벗어날 수 있었다.

이렇게 자신에게 이로운 방향으로 이미지가 캐릭터화되면 엄청난 혜택이 따라온다.

나도 의도치 않게 생긴 캐릭터로 인해 혜택을 본 경험이 있다. 나의 캐릭터는 '택시비 요정'이었다.

건설사를 퇴사하고 난 후 다른 회사로 이직하게 되었는데 산전수전 공중전까지 겪어 본 건설사 짬밥을 먹고 와서 그런지 나는 임원급 아래로는 편하게 대화가 가능한 만렙 사회인이 되었다.

어느 날 몸이 좋지 않아 칼퇴를 하려고 주섬주섬 가방을 챙기고 있는데 우리 팀 책임님이 오셔서 반갑지 않은 벙개 제안을 했다.

"서율 씨, 우리 오늘 한잔하러 가는데 낄래?"

"저는 예약제인데 너무 벙개 아닌가요? 오늘 컨디션도 안 좋은데."

"아 그러지 말고 한잔하러 가자. 이 책임이랑, 김 책임이랑, 박 책임이랑 갈 건데 어때?"

"벙개 제안하시는 거 보니 잘생긴 총각은 따로 섭외되어 있겠죠?"

"잘생긴 놈이 여기 어디 있어. 한번 둘러봐 봐 없 잖아."

"휴... 오늘은 몸이 안 좋으니 돌아가는 길에 택시 비 지원해 주시면 참석하겠습니다. 여의도에서 저 희 집 한 시간 거리인 거 아시죠?"

"콜! 택시비 지원해 드림."

그렇게 책임님과 택시비 딜을 한 후 우리 팀 벙개 회식에 참석하였고 그날 이후 나는 택시비를 지원 해 줘야 회식에 참석하는 인간으로 일파만파 소문 이 났다.

"서율 씨! 이번 주 목요일에 팀 회식 있는 거 알 지?"

"네 알고 있어요."

"강 책임! 서율 씨 택시비 안 주면 회식 안 가는 거 몰라?"

내가 해명할 기회도 없이 나는 점점 택시비 요정

으로 캐릭터가 고착화되었고 [회식에 손 사원이 참석한다 = 택시비를 줘야 함] 이 공식은 팀 사람들에게 점차 세뇌되었다.

회식 자리가 마무리될 쯤에 기분 좋게 취하신 팀장님이 "아 맞다! 서율 씨 택시비 챙겨 줘야지!"라며 지갑을 꺼내 5만 원짜리를 내밀면 나는 손사래치며 "팀장님 괜찮아요. 아까 강 책임님이 5만 원 주셨어요!"라고 말해도 "어? 강 책임이 5만 원을 줬어? 그럼 나도 질 수 없지."라며 기어이 5만 원을 쥐여 주셨고 매번 그런 식으로 회식에 한 번 참석하면 5~10만 원씩 현금이 생겼다.

어느 날은 옆 팀 회식에 초대되어 참석한 적이 있었는데 집에 갈 때쯤에 옆 팀 팀장님께서 5만 원을 주시길래 깜짝 놀라서 돈을 왜 주시는 거냐고 물었더니 우리 팀 팀장님께서 내가 옆 팀 회식에 가 있다는 소식을 들으시고는 옆 팀 팀장님께 전화를 걸어 서율 씨를 회식에 부르려면 반드시 택시비를 줘야 한다고 신신당부를 하신 거였다.

마치 이름을 쓸 땐 빨간색 볼펜으로 쓰면 안 된다는 미신을 지키는 것과 같이 서율 씨가 회식에 오면 반드시 택시비 5만 원을 쥐어서 돌려보내야 한다는 이 공식은 내가 다른 팀 회식에 가 있을 때도 팀장님들끼리 전화를 걸어서 알려 줄 정도로 지켜져야 하는 룰이 되었다.

11~12월은 유독 환송회, 환영회, 연말모임 등으로 회식 자리가 많았는데 한껏 취해서 집으로 돌아오면 주머니에서 자꾸 5만 원짜리가 나왔다.

지갑 대신 카드홀더를 사용하는 나는 현금 넣을 데가 없어서 5만 원을 테이블 위에 던져 놓고 잠들었다가 다시 출근하고, 다음 날 또 회식을 다녀오면 주머니에 있던 10만 원을 테이블 위에 던져 놓고 다시 출근하는 반복되는 일상을 살았는데 나중에 보니 테이블 위엔 신사임당 님들로 가득 쌓여 있었다.

내 옆자리에서 일하는 우리 팀 남자 사원은 기가 찬다는 듯이 "이쯤 되면 너는 회식 가는 게 부업 아니냐? 대체 얼마를 번 거야? 이 정도면 택시비가 월급을 넘어서지 않냐?"라고 할 정도였으니까 명분이 택시비지 이제는 '회식 출연료' 같았다.

나보다 멀리 사는 직원과 함께 있어도 택시비는 나만 받았다.

다들 회식 출연료를 지불하면서까지 나를 초빙했던 이유는 내가 끼면 자리가 재미있었다.

피곤하거나 내키지 않는 날은 참석하지 않았고 그래도 참석해야 했으면 이왕 가기로 마음먹은 거 확실하게 놀았다. 외모는 "저는 술 못해요."를 시전하거나, 재미없는 아재 개그에 인상을 찡그리거나 음식이 맛이 없다며 깨작거리는 새침한 이미지였지만 실상은 테이블 정중앙을 차지하고 앉아 팀장님보다 더 말이 많았고 아저씨들의 재미없는 아재 개그도 나의 드립력을 더하면 꿀잼으로 살려 낼 수 있었다.

택시비를 받고 편하게 귀가한 후 나는 항상 다음

날 아침 출근길에 아메리카노와 베이컨 에그 잉글리시 머핀을 사 들고 전날 택시비를 주신 분께 드리며 감사하다고 인사를 건넸다.

이 과정 또한 하도 반복하다 보니 관례가 되어 우리 팀에는 두 가지 공식이 생겼다.

1. 손 사원이 회식에 참석하면 택시비를 줘야 한다.
2. 택시비를 준 자는 다음 날 아침 베이컨 에그 잉글리시 머핀과 아메리카노 조식 서비스가 제공된다.

지금 생각해 보면 왜들 그렇게 지켜 내야 했는지 이해할 수 없는 웃기는 관례였다.

그 당시 내가 어떻게 택시비 요정으로 캐릭터를 굳혔을까 생각해 보니 고기를 굽다 말고 부처 쇼를 했던 남자 사원의 혁신적인 퍼포먼스가 지금까지도 생생하게 기억나는 것처럼 잘생긴 총각과 택시비가 준비되어야 회식을 참석하겠다는 나의 패기가 어지간히 팀원들에게 혁신적이었나 보다.

죽도록 미운 사람일수록
귀여워하기

"걔는 지나가기만 해도 너무 싫고 거슬려."

"여우짓 하는 거 봤어? 진짜 가증스럽지 않아?"

"쓸데없는 일에 집착하는 거 보면 병신 같고 꼴 보기 싫어."

요즘 내 귀를 거쳐 갔던 험담들이다. 나는 그들의 험담에 동조하는 대신 침묵을 택했고 험담이 내뿜는 부정적인 파동 에너지에 휩쓸리지 않기 위해 재빨리 한 귀로 흘려보냈다.

사람들은 본인이 얼마나 큰 희생을 치러야 하는지도 모른 채 미움과 증오를 쉽게 가슴에 품는다. 미움이라는 감정을 품는 건 뜨거운 불덩이를 삼키는 행위와도 같다. 미운 사람이 하는 모든 행동은 나를 거슬리게 하고 분노하게 만들고 그로 인한 스트레스는 불덩이가 되어 내 속을 새까맣게 태운다. 증오심으로 가득 채운 속이 뜨거워 어쩔 줄 몰라 하면서도 미워하는 사람의 작은 실수 따위로 통쾌해하는 사람을 보며 참으로 어리석다는 생각을 했다. 이렇게 분노에 휩싸인 인간은 자기 스스로 자신을 학대하고 있다는 사실조차 모른다.

물론 살다 보면 극한의 철천지원수를 마주칠 때도 있다. 생계에 직접적인 지장을 주거나, 가족을 해하려 하거나, 내 인생에 치명적인 피해를 입히는 인간들...

나 또한 원수를 사랑하는 경지까지는 오르지 못했지만 이런 철천지 원수가 아닌 이상, 미움이라는 감정을 엔간하면 품지 말자는 게 요즘 내 삶의 신조다. 원수를 위해서? 오로지 나를 위해서!

그러나 미워하는 감정을 품지 않는 건 말처럼 쉽지 않다. 세상에는 나와 다른 신념을 가진 이상한 인간들이 너무 많으니까.

언젠가 주변 지인들에게 나는 어떤 인간인지 물어본 적이 있는데 지인들은 하나같이 입을 모아 "너는 모든 사람들이랑 두루두루 잘 지내 그게 참 신기했어."라고 대답했다. 그들의 말처럼 나는 다양한 성향의 사람들과 별다른 트러블 없이 두루두루 잘 지내는 속 편한 인간이다.

누구보다 예리하고 까다로운 내가 속 편한 인간이 될 수 있었던 이유는 '미움을 품지 않는 나만의 신박한 비법' 덕분이었는데 그 비법을 이제부터 소개하고자 한다.

1. 이상한 인간을 시트콤화 시킨다.

옛날에 MBC에서 방영했던 〈거침없이 하이킥〉

이라는 시트콤에 등장하는 인물들은 각각의 독특한 캐릭터가 우습고 귀여워서 대중들에게 많은 사랑을 받았는데 막상 이 캐릭터들을 시트콤이라는 프레임에서 꺼내어 현실화시켜 보면 웬만한 진상은 저리 가라 할 정도로 피곤한 인물들이다.

야동순재로 시청자들에게 큰 웃음을 주었던 이순재 선생님의 캐릭터를 현실에서 마주한다면 가부장적이고, 잘 삐지고, 물질 만능주의에 흥분하면 발길질부터 나가는 폭력적인 인물이다.

호박고구마로 웃음을 주었던 나문희 선생님 캐릭터 또한 현실 세계에서는 의사 며느리인 박해미에게 자격지심을 가지고 있어서 며느리의 사소한 행동에도 화병을 앓고 유치한 복수를 일삼는 못난 시어머니다.

큰아들 역할인 정준하 씨 캐릭터 또한 만만치 않다. 집에서 전업 주식투자자로 들어앉아 있으나 부지런히 돈만 날리는 백수에 지나치게 낙천적이라 사기도 잘 당하는 무능력한 가장이다.

이런 인물들도 시트콤 속에서는 웃기고 귀엽기까지 한 캐릭터로 보인다. 이렇게 내가 사는 현실 세계에서 만나는 다양한 유형의 진상들을 캐릭터화하고 애정을 담아서 보다 보면 심지어 가끔은 귀여울 때도 있다.

이 비법을 알고부터는 '툭하면 삐지는 꼰대 상사 놈'에서 '오늘도 삐져 버린 귀여운 영감님'이 되었고, '별것도 아닌 걸로 트집 잡아 반려시키는 미친 여자'였던 재정팀 직원이 '직장 놀이에 심취한 반려마니아'로 순화되었다.

2. 사람의 단점에는 반드시 함께 따라붙는 장점이 있다.

도통 자신의 속내를 보여 주지 않고 음흉한 사람은 입이 무거워 비밀을 비교적 잘 지켜 준다는 장점이 있고, 입이 가벼워 동네방네 소문을 내고 다니는 사람은 엄청난 정보를 종종 가져다줄 때가 있다.

쪼잔하고 잘 삐치는 사람은 그만큼 감정선이 세심해서 굳이 말하지 않아도 내 기분을 살피고 보듬을 줄 알고, 무심해서 내 기분은 잘 모르지만 굵직 굵직한 선을 가진 사람들은 가끔 규모가 큰 실리적인 도움을 준다.

기분이 태도가 되는 사람들은 자신의 속내를 감출 줄 몰라 오히려 순수하다. 자기 사람이라는 확신이 들면 있는 힘껏 지지해 준다.

직설화법으로 나에게 상처를 주는 사람이 내 편이 된다면 내가 부당한 일을 겪을 때 대신 총대를 메고 시원하게 질러 준다.

이렇게 그 사람만의 단점에 세트로 따라붙는 장점을 먼저 보려고 한다면 미워하는 감정을 품을 일이 거의 없다.

3. 사람의 가치관은 생김새만큼 다양하다는 걸 인정한다.

범법행위를 제외한 사소한 분란들은 대부분 개개인의 입장 차이다. 양측의 이야기를 들어 보면 '그래 너도 그럴 만했고 쟤도 저럴 만했네' 하는 생각이 든다.

나는 누군가와 갈등이 생기면 그 사람의 입장에서 최대한 생각해 보려 한다. 내 입장에서는 왜 저러나 싶은 행동도 그 사람의 시야에서는 분명 이유가 있다. 우리는 서로 다른 가정교육과 환경 속에서 자라 와서 모두 생각이 다를 수밖에 없다.

그 사람의 가치관이 도저히 이해가 안 된다면 그 사람이 처한 환경과 성장과정을 대입해 본다. 내 눈에는 비정상적으로 화를 내는 이상한 인간도 알고 보면 정신적인 트라우마로 마음이 아픈 사람일 수 있으니 이렇게 다각적인 각도에서 상황을 이해해 보려는 습관을 들인다면 타인을 헤아릴 수 있는 그릇이 훨씬 커진다.

나는 이 세 가지의 나만의 비법으로 미움과 분노의 불덩이에서 자유로워졌다.

덕분에 오늘도 속 편한 인간이 되어 평안한 하루를 누릴 수 있었고 한때는 증오했고 미워했던 인간들이 지금은 귀인이 되어 함께 웃음을 나누는 기적을 이루었다.

이렇게 마음 한 끗 차이로 인생은 달라진다.

사람에게 의지하는 것도
능력이다

"괜찮아 그냥 가! 어차피 둘이 있으나 혼자 있으나 똑같으니까 옆에 있으면 내가 더 신경 쓰여."

병실 안에서 간식거리를 풀어놓는 엄마를 등 떠밀어 돌려보냈다. 엄마는 난감한 표정으로 나를 살피더니 진짜 괜찮겠냐고 물었지만 나 때문에 갑갑한 병실에 갇혀 있는 엄마를 보는 것보다 혼자 있는 게 마음이 편했다.

엄마가 돌아가고 난 뒤 텅 빈 병실에서 가져온 짐 가지들을 뒤적여 보는데 치약, 칫솔이 없다. 엄마에게 다시 병원으로 와 달라고 부탁할까 한참을 고민하다 차마 전화를 걸지 못하고 어지럽게 엉킨 두 개의 링거를 팔에 꽂은 채 링거대를 질질 끌며 병실을 나섰다. 불행하게도 병원이 있는 건물에는 편의점이 없었다. 할 수 없이 옆 건물까지 링거대를 끌고 걸어가야 했는데 거친 벽돌 바닥 틈 사이에 바퀴가 걸려 링거대가 픽 쓰러져 버렸다. 쓰러진 링거대를 일으키려고 주저앉았는데 갑자기 기가 막힌다.

'나 대체 왜 이러고 있는 거지?'

언제부터 생긴 병인지 모르겠지만 나는 누군가에게 기대지 못하는 사람이 되어 버렸다. 몸을 가누기도 힘들 만큼 고통스럽던 위경련은 이틀 만에 나아져 퇴원할 수 있었지만 이 알 수 없는 병은 도무지 고쳐지지 않는다.

"이번에 이사 가는 거 도와줄까?"

"아니야! 혼자서도 금방 해."

"비 오는데 우산 가져다줄까?"

"아니야! 괜찮아 알아서 갈게."

"우리 엄마가 밥 먹고 가라고 하시는데 먹고 가."

"아니야! 나 때문에 식사 준비하시면 번거롭잖아."

누군가에게 도움을 받는 일은 어색하고 미안해서 거절하는 게 훨씬 마음이 편했다. 엄마에게 병원으로 다시 와 달라고 전화를 거는 것보다. 길바닥에서 환자복을 입은 채로 쓰러진 링거대를 힘겹게 일으키는 일이 내겐 더 편한 것처럼.

"너는 사람에게 의지하는 방법을 몰라."

전 애인은 이런 나를 보며 마음 아파했다.

나는 언제부터 사람에게 의지하지 못하게 된 걸까? 어렴풋한 시점조차 가늠이 안 되는 걸 보면 아주 오래전인 것 같다.

어릴 때부터 나는 부모님께 대부분의 부탁을 하

지 못했다. 집 앞 우편함에 가득 꽂혀 있는 밀린 고
지서들을 보면 숨이 막혀 왔고 부모님께 필요하거
나 가지고 싶은 것들을 이야기하는 건 나에겐 불효
를 저지르는 일과도 같았다.

중학교 때부터 아르바이트를 하며 용돈을 벌기
시작했고 고등학교, 대학교 때까지 용돈이 없어 허
덕이는 건 당연한 일상이었다. 대학 동기들이 기억
하는 나는 항상 아르바이트를 하느라 오티나 엠티
에서 볼 수 없는 친구였다. 슬프게도 그때의 나는
그렇게 사는 게 당연한 줄 알았다.

내 인생은 마치 무더운 여름날 그늘 하나 없는 아
스팔트 길에 서서 뙤약볕을 온몸으로 맞으며 버티
는 것과 같았다. 남들은 시원한 그늘에 들어가 휴
식을 취할 때 그늘의 존재조차 없었던 나는 뙤약
볕 속에서 오랫동안 버텨야만 했고 당연히 열사병
으로 현기증이 올 수밖에 없는데 그런 나 자신에게
나약하다며 잣대를 들이대곤 했다.

그렇게 살다 보니 어느 순간 사람에게 의지하는

능력을 상실해 버렸다. 예전엔 독립적인 내 모습이 참 좋았는데 몇 년 전부터 이런 내 자신이 건강한 상태가 아니라는 걸 인지하기 시작했다.

사람들은 종종 나에게 찾아와 조언을 구한다. 그들은 사람에게 받은 상처나, 혼자 남겨진 외로움을 이겨 내는 방법을 묻곤 했다.

그늘의 존재조차 모르는 나는 그들에게 한심하다는 표정을 지으며 혼자 일어설 수 있는 힘부터 길러야 한다고 다그치곤 했다.

"나부터 독립적인 존재가 되어야 건강한 인간관계를 만들 수 있어."

"외로운 감정은 오직 나 자신만이 치유할 수 있어."

"사람에게 기대하니까 자꾸 상처를 받는 거야 애초부터 기대하지 마."

하지만 나에게도 아주 한심하다는 표정으로 팔짱을 낀 채 이런 조언을 건넬 수 있는 사람이 필요하다.

"지금은 누군가에게 기대야 하는 타이밍이야."

"바보 아니야? 이건 당연히 혼자서 못하는 일이
야."

"외로운 감정은 자연스러운 거야! 잘못된 게 아니
야."

"실망해도 안 죽어! 이번에는 눈 딱 감고 그 사람한
테 기대해 봐."

"부탁해도 괜찮아! 그 사람도 너를 돕고 싶어 해."

할 말 다 해도 예쁨 받는
사람의 조건

나는 회사에서 사람들에게 어떻게 평가되고 있을까? 그동안 들어 온 일괄된 평가는 '할 말 다 하면서 예쁨 받는 직원'이다.

물론 처음부터 그랬던 건 아니다. 사회 초년생일 때는 상사의 무례한 지시를 거절하지 못했는데 그로 인해 억울한 일들이 참 많았다.

나는 10년간 직장 생활을 해 오며 상사의 무례한

지시를 에둘러 거절하는 얕은 요령들을 터득할 수 있었는데. 문제는 이런 요령들이 모든 상황에 적용될 수는 없다는 거다. 살면서 상사의 무례한 지시를 피할 수 없는 상황은 반드시 생긴다. 그런 경우에는 단호하게 거절할 줄 알아야 한다.

'단, 거절하기 전에 반드시 필요한 조건이 있다. 나의 주장이 그 조직에서 공신력을 행사할 수 있어야 한다.' 공신력이란 즉 공적인 신뢰이다. 내가 조직 내에서 신뢰를 받는 인물이 되어야만 나의 주장에 힘이 실린다. 이것이 내가 '할 말 다 하면서 예쁨 받는 직원'이 될 수 있었던 비결이었다.

그럼 어떻게 나의 목소리에 공신력이 실릴 수 있었을까? 이제부터 그 방법을 간략하게 소개하겠다.

1. 성실하지 않다면 어떠한 목소리도 내지 마라.

나는 자발적으로 업무 한 시간 전에 출근하여 전날 퇴근한 이후에 쌓여 있었던 메일에 회신한다. 출근 정시에 바로 업무 대응이 가능하게끔 준비하는 과정이다. 이렇게 남들보다 일찍 출근하지 않아도 맡은 업무에 대한 책임감과 주도적인 근무 태도는 성실함을 인증하는 척도이다.

반면, 성실하지 않은 사람의 목소리는 정당한 거절이어도 무시와 비난을 받는다. 예를 들어 평소에 불성실한 태도로 근무하던 직원에게 상사가 지극히 개인적인 업무를 지시했을 때 단호하게 거절했다면?

'저 자식은 일도 제대로 못 하면서 심부름마저 안 한다 하네? 아무것도 안 할 거면 집에 가야지 여기 왜 나와?'

상사는 이렇게 생각하게 되고 조직 내의 사람들 또한 이 생각에 동의하게 된다. 안타깝게도 이렇게 단호한 거절만 알고 그에 따른 필수 조건을 모르는 사람이 많다.

2. 스마트한 일머리는 주변인들의 신뢰로 이어진다.

"김 대리 똑똑하지. 싸가지는 없어도 맞는 말만 해."

이렇게 친절하지 않아도 인정받는 사람을 직장 내에서 한 번쯤은 본 적이 있을 거다. 이들의 공통점은 일머리가 좋다. 어떠한 상황에서도 가장 효율적으로 일을 처리할 수 있는 김 대리의 주장은 주변인들의 공신력을 얻는다.

반면, 판단력이 흐리고 매사 일머리가 없던 상사 박 과장이 있다고 가정해 보자. 김 대리가 상사인 박 과장의 지시를 단호하게 거절한다면 박 과장이 잘못된 지시를 내렸다고 여론이 기울 수밖에 없다.

3. 예의 바르고 올바른 인성만큼 강력한 힘은 없다.

나는 누구에게든 예의 바르게 행동했고 기분이 태도가 되지 않게 항상 주의했으며 초심을 잃지 않도록 꾸준히 노력했는데 심지어 퇴사하는 날마저 일찍 들어가라는 상사의 권유도 만류하고 퇴근 시간까지 남아 회의실에 들어간 사람들이 돌아올 때까지 기다렸고 결국 함께 일했던 모든 사람들에게 인사를 돌리고 나서야 퇴근했다. 조금 답답한 FM

같지만 마지막까지 예우를 갖추자는 나만의 원리 원칙이었다.

'나는 주변에서 평이 좋을 수밖에 없는 사람이었다.'

대신 부당하다고 느끼는 행동 앞에서는 예의를 갖추지 않았다.

어느 날, 차장님이 내 자리로 오시더니 개인적인 우편물을 건네며 우편을 부치고 오라고 지시했다. 나는 "제가요? 우선 알겠습니다."라고 대답한 뒤 책상 서랍에 넣어 놓고 부치지 않았다. 이틀 뒤에 차장님은 내 자리로 오시더니 본인이 생각이 짧았다고 사과하며 우편물을 도로 가져가셨다.

어떤 날은 우리 팀에 팀장님이 새로 오셨는데 매일같이 법인카드로 지인들과 비공식적인 회식을 했다. 당연히 한정된 예산은 금세 동이 났고 그 당시 예산 담당자였던 나는 예산이 없으니 사용을 자제해 달라고 거듭 말씀드렸지만 예산을 추가로 받으면 되지 않느냐는 식으로 막무가내였다.

이틀 뒤, 상무님과 팀장님들이 함께하는 회식 자리에서 나는 상무님께 운을 띄웠다.

"상무님, 우리 팀에 상무님이 한 분 더 계신 거 알고 계세요?"

"그게 무슨 말이야? 상무가 또 있다니?"

"(앞에 있는 팀장님을 가리키며) 저희 팀 또 다른 상무님이세요. 예산을 상무님처럼 쓰시거든요."

"뭐야? 박 팀장! 도대체 얼마나 쓰면 서율 씨가 이런 소릴 해?"

"죄송합니다 상무님 조금만 쓰겠습니다."

그 자리 이후로 팀장님에게 미움을 살 줄 알았다. 그런데 사람들은 "오죽하면 서율 씨가 그런 소릴 했겠어."라는 여론이 대부분이었고 그날 이후로 팀장님은 법인카드를 예산에 맞추어 사용하셨다.

그리고 내가 퇴사하던 날 팀원들이 써 준 롤링 페이퍼에 '서율 씨, 그동안 물정 모르고 부족했던 저희들의 살림살이를 도맡아 주시느라 고생 많으셨

습니다! 감사합니다'라는 팀장님의 편지가 적혀 있
었다.

이렇게 나라는 올바르고 굳건한 탑을 먼저 세워 두
어야 할 말 다 해도 예쁨 받는 사람이 될 수 있다.

진짜 어른의 소양은
너그러움이었다

"어떻게 해야 화해할 수 있을까?"

오랜만에 만난 친구 진이 내게 물었다. 이번 주 주말에 결혼 1주년을 앞두고 있는 그녀의 표정은 어두워 보였다.

"남편이랑 각방 쓴 지 얼마나 됐는데?"

"일주일 정도?"

"집에서 마주쳐도 이야기를 아예 안 해?"

"출퇴근 시간이 달라서 마주칠 일이 거의 없어.

각자 다른 방에서만 지내거든.”

“그럼 일주일 내내 마주치지도 않고 말 한마디 하지 않은 거야?”

“응...”

진의 이야기를 들어 보니 상황은 꽤 심각해 보였다. 부부의 갈등은 골이 깊어질 대로 깊어져 대화조차 어려운 상태였다.

진은 남편이 답답하고 실망스럽다고 토로했다.

“직장에서 무슨 일만 생기면 그만두고 싶다고 이야기하는데 너무 실망스러워. 나는 아무리 힘들어도 그런 생각을 해 본 적 없었는데 너무 나약한 것 같아.”

“이해해, 나도 그런 이야기 들으면 실망스러울 것 같아.”

“요즘 남편 일이 어려워져서 수입도 별로 없고 집에 있을 때가 많은데, 퇴근하고 오면 집안일이 아무것도 안 되어 있는 거 보면 답답하고 그래서 잔

소리를 좀 했더니 이제 내가 질린다고 하더라고...
어떻게 해야 화해할 수 있을까?"

나는 곰곰이 생각하다 진에게 물었다.

"남편이 제일 좋아하는 음식이 뭐야? 제일 비싼
데 맛있고 좋아하는 거 말이야. 참치 좋아하려나?"

"아니? 음... 피자! 피자를 제일 좋아해."

"피자? 가성비 좋네! 그럼 남편 퇴근해서 집에 들
어올 때쯤에 피자 한 판 시켜서 식탁에 세팅해 놓
고 앉아 있어."

"피자를 시켜 놓으라고? 그러고 나서 어떻게
해?"

"같이 먹으면서 얘기 좀 하자고 하는 거지. 다짜
고짜 사과하기는 어색하니 먹는 걸로 물꼬를 트는
거야."

"오! 좋은 생각이다."

"그리고 식탁에 앉으면 앉아 줘서 고맙다고 먼저
이야기하고 나서 시작해. 처음부터 우호적인 태도
를 보여야 너의 말에 귀 기울이거든."

"알겠어, 네 말대로 한번 해 볼게."

그날 횟집에서 네 시간이 넘도록 소맥을 말면서 진에게 여러 가지 처세술을 조언해 주었다. 칭찬과 화해의 기술, 기분 상하지 않게 집안일을 분담하는 방법, 다른 가치관을 가진 사람과 상생하는 방법 같은 이야기들이었다.

다음 날, 지인 건을 만나서 어제 들었던 친구의 고민에 대해 의논했는데, 건은 내가 한 번도 생각해 보지 못했던 뜻밖의 솔루션을 이야기했다.

"그럴 땐 말없이 기다려 줘야 해. 배우자가 열심히 사는 모습을 보면 미안한 마음을 가지고 다시 일어서려고 노력할 거야. 정상적인 사고를 가진 사람이라면!"

"아무 말도 하지 말라고요?"

"응. 삼촌이 사업에 실패하시고 나서 10년 동안 방황하셨을 때, 숙모는 혼자 생계를 다 책임지면서도 아무 말 없이 기다려 주셨어. 덕분에 삼촌은 다시 재기할 수 있었고 지금까지도 가장 힘들었던 시절에 묵묵히 기다려 준 숙모에게 고마워하셔."

"와... 10년 동안이나요?"

"10년 동안 바깥일과 집안일을 혼자 도맡아 하셨어. 삼촌이 스스로 일어설 때까지 기다려 주신 거지."

"쉽지 않았을 텐데 정말 대단하시네요."

"우리 아버지 또한 어머니가 열심히 사시는 모습을 보며 잠시 흐트러졌던 마음을 다잡고 더 열심히 사셨고, 나도 어릴 때 방황한 적이 있었는데 아버지가 묵묵히 기다려 주셨던 게 감사해서 지금까지 열심히 살 수 있었던 거야."

건의 이야기는 놀라웠다. 잘못된 행동을 교정하는 데 초점을 둔 엄한 부모 밑에서 자라 온 나는, 살면서 처음 들어 보는 새로운 형태의 사랑이었다. 건은 부모의 무조건적인 믿음을 원천으로 스스로 일어서 본 경험이 있는 부러운 사람이다.

지금까지의 나는, 고민을 안고 찾아온 사람들에게 어떻게 하면 문제를 현명하게 해결할 수 있는지 조언하기 바빴다. 좀 더 분명한 목소리로, 명확하게 방법을 제시할수록 상대에게 도움이 된다고 믿었다.

이러한 나의 노력에도 불구하고 끝내 정답을 찾지 못하는 이에게는 어떻게든 답을 알려 주고 싶어 부단히도 애를 썼는데 이런 나의 의도와는 달리, 상대방의 눈에는 일방적이고 완강해 보일 때가 있었나 보다.

문득 전 애인이 나에게 했던 말이 떠오른다.

"네가 하는 말은 다 맞는 말인데, 왠지 듣기가 싫어."

정답을 모르는 이에게 정답지를 가지고 와 들이미는 건 무척이나 쉽다. 보는 내가 답답하니 내 마음이 내키는 대로 하는 행동이니까.

그러나 집안일도 할 수 없을 정도로 무기력해진

남편을 10년이라는 긴 세월 묵묵히 기다려 주었다는 건 기약도 없고 조건도 없는 절대적인 믿음을 필요로 하는데 이건 부처의 수행과 다를 바 없다. 숙모가 10년간의 고된 수행을 이겨 낼 수 있었던 이유는 그녀 또한 누군가에게 받았던 믿음을 원천으로 스스로 일어서 본 경험이 있었던 게 아닐까? 숙모가 삼촌에게, 어머니가 아버지에게, 또 아버지가 건에게 전했던 것은 받아 본 자만이 알 수 있는 절대적인 믿음과 조건 없는 사랑이었다.

나는 건의 가족 이야기를 들으며 깨달았다. 빈틈 없이 현명한 게 어른인 줄만 알았는데 현명함 속에서도 상대방을 위한 빈틈을 만들어 놓는 너그러움이 진짜 어른이었다는 사실을.

다음 날 친구 진에게 카톡이 왔다.

"덕분에 남편이랑 잘 풀었어! 고마워."

"정말 다행이다. 피자로 화해했어?"

"응! 남편이 피자 사서 기다리고 있을 줄은 상상

도 못 했대. 내 성격에 잘못한 거 없으면 먼저 사과 안 하는데. 평소에 좋아하지도 않던 피자를 시켜 놓고 앉아서 기다리는 거 보고 처음에는 웃더니, 방에 들어가서는 안쓰러워 눈물 날 뻔했다고 하더라고."

"남편이 진짜 감동했을 것 같아. 괜히 나도 울컥하네."

"응, 어떻게 화해할지 고민했는데 정말 고마워!"

진은 수많은 시행착오 끝에 비로소 남편을 믿고 기다려 주기로 마음먹었다.

그렇게 그녀와 나는 조금씩 진짜 어른이 되어 가고 있다.

관계에도
'신선도'가 있다

"그거 알아? 헤어졌던 사람들이 다시 만날 확률이 82%래 근데 그렇게 다시 만나도 그중에서 잘되는 사람들은 3%밖에 안 된대. 나머지 97%는 다시 헤어지는 거야. 처음에 헤어졌던 이유와 똑같은 이유로."

2013년에 개봉했던 김민희, 이민기 주연의 영화 〈연애의 온도〉에서 나왔던 대사다. 당시 영화관에서 이 영화를 보던 20대의 나는 이 대사의 의미를 전혀 이해하지 못했다.

"다시 만나는 게 저렇게나 어려운 거라고? 서로 노력하면 되잖아! 똑같은 실수를 반복하지 않으면 되잖아!"

그때는 몰랐다. 연인 사이를 포함한 모든 인간관계에서는 '신선도'가 존재한다는 걸 그 '신선도'는 한번 상해 버리면 다시는 돌이킬 수 없다는 걸 말이다.

인간은 상대를 존중하는 마음이 사라지면 그때부터 무례한 행동을 일삼기 시작하는데 그렇게 무례한 행동으로 한번 선을 넘었던 사이는 이미 상해 버린 우유처럼 다시는 예전처럼 돌아갈 수 없다.

비슷한 예로 낯선 사람과 친해져서 말을 놓게 된다면 대부분은 예전처럼 존댓말을 썼던 사이로 다시 돌아갈 수 없다. 또 비슷한 예로 연인과의 스킨십에서 처음에 어렵게 손을 잡으면 다음엔 포옹을 하게 되고 그다음엔 키스를 하게 된다. 점점 스킨십의 수위는 진해지게 되고 처음처럼 수줍게 내외하던 사이로 다시는 돌아갈 수 없다.

이와 같은 원리로 무례한 행동으로 선을 넘기 시작한 인간관계는 예전의 건강했던 관계로 다시는 돌아갈 수 없다. 참 슬픈 일이다.

"헤어진 남자 친구랑 다시 만나기로 했어. 이번엔 싸우지 않고 잘 만나 보려고."

"저번에 돈 빌려 가서 갚지 않았던 친구가 진심으로 사과하더라고. 그래서 한 번 더 믿어 주기로 했어."

"그 사람은 정말 화가 나서 욕했던 거야. 다신 안 그러겠다고 약속했으니까 괜찮아."

"약속을 매번 펑크 냈던 친구가 알고 보니 사정이 있었더라고? 이젠 안 그럴 거야."

이 사람들의 공통점은 관계가 이미 상해 버렸다는 사실을 받아들이지 못한다는 거다. 서로 존중하고 배려했던 예전의 건강한 관계를 떠올리며 돌아갈 수 있다고 믿고 있는 셈이다.

설령 노력이라는 단어를 내세워 예전에 좋았던 관계의 분위기를 재현한다 해도 그건 상해 버린 우유의 악취를 잠시나마 밀봉해서 막아 놓은 것과 다름없다.

"원래 그런 사람이 아닌데 뭔가 사정이 생겼겠지."

"실수였겠지. 사람은 실수를 자주 하잖아."

"미안하다고 사과했으니까 이번엔 안 그러겠지."

이렇게 사람들은 관계가 다시 예전처럼 돌아올 수 있다고 믿으며, 이미 상해 버린 우유를 도로 냉장고에 집어넣은 후 나중에 다시 꺼내 마셨다가 또 탈이 나고 만다.

그럼 어떻게 해야 인간관계의 신선도를 잘 유지할 수 있을까? 이제부터 변질되지 않는 건강한 인간관계를 유지할 수 있는 팁들을 간략하게 나열해 보겠다.

1. 무례한 행동을 하기 시작한 상대에게 불쾌하다는 의사
   표현을 '명확하고' '직설적으로' 이야기한다.

   사람은 서로 가치관이 다르기 때문에 무례한 행동에 대한 기준이 다를 수도 있다. 무례한 행동을 하기 시작한 상대에게 "이 행동은 나의 기분을 불쾌하게 만드니 자제해 달라"고 명확하게 표현한다. 이 과정은 상대에게 만회할 기회를 준다.

2. 불쾌하다고 표현해도 상대가 똑같은 행동을 반복한다
   면 그건 이미 상한 관계이니 빠르게 손절해라.

   그 행동이 나를 서운하게 하고 불쾌하게 만든다는 사실을 상대도 알고 있는 상태에서 똑같은 행동을 반복한다면 상대는 더 이상 나의 기분을 신경 쓰지 않는 (나를 존중하지 않는) 상해 버린 관계가 맞다.

   지금 상대가 하는 행동이 가장 낮은 레벨이라는 걸 잊지 말자 우유는 상하고 나면 그 이후에 썩을 일만 남았다.

3. 그럼 대체 누굴 만나냐고? 관계의 신선도를 잘 관리하
는 사람을 만나면 된다.

한결같이 상대를 존중하고 배려하는 사람은 예
의라는 선을 긋고 넘어오지 않는다. 소중한 관계가
상하지 않도록 항상 관리하는 사람이다. 이런 사람
을 곁에 두면 무례한 행동을 하거나, 똑같은 실수를
반복하거나, 나에게 상처 주는 일 따위를 애초부터
만들지 않는다.

4. 단! 관계의 신선도를 잘 관리하는 사람을 만나려면 나
또한 그런 사람이 되어야 한다.

나부터 상대를 존중하고 배려하는 사람이 되어
야만 그런 사람들을 내 사람으로 만들 수 있다. 그
런 엄격한 기준을 가진 사람들끼리 서로 예의라는
선을 넘지 않으며 유유상종하기 때문이다.

내 주변에 있는 사람들이 대부분 무례한 사람들
뿐이라면 나부터 문제가 있지 않은지 체크해 봐야
한다.

5. 이 모든 비법은 나 혼자 일어설 수 있는 힘부터 키워야
   실행이 가능해진다.

비법을 알아도 실행에 옮기지 못하는 사람들의
특징은 온전히 혼자 일어설 줄 모른다. 혼자 보내
는 시간에 익숙하지 않고 어떻게든 사람을 만나서
외로움을 채워야 하는데 나에게 엉망으로 구는 사
람이라도 혼자 있는 것보다 낫다고 스스로 자위하
면서 곁에 둔다. '지 팔자 지가 꼰다'고 하는 사람이
대부분 이 케이스다.

6. 좋은 사람들만 골라 곁에 두는 현명함은 관계에 얽매이
   지 않는 여유로운 마음에서 나온다.

오롯이 홀로 일어설 힘이 생기면 더 이상 관계에
끌려다니지 않게 되고 상대의 무례한 행동을 보며
객관적으로 판단할 수 있는 현명한 사람이 된다.

외로움에 허기져 상한 우유라도 벌컥벌컥 들이
켜는 미련한 사람과 이미 배가 부른 상태로 우유가
상했는지 면밀히 살펴보고 가차 없이 하수구로 흘

려버릴 줄 아는 현명한 사람의 차이는 여유로운 마음에서부터 나온다.

7. 혼자 일어서는 힘을 키우려면 나 자신과 친해져야 한다.

　나는 나와 가장 친한 사람을 나 자신이라고 이야기한다. 자기 자신과 친해지면 나라는 사람이 지금 무엇을 원하고 어떤 감정인지 정확하게 캐치하고 보살펴 줄 수 있다. 이렇게 자신과 친한 사람들은 가스라이팅을 당할 일도 없다. 내 말에 제일 먼저 귀 기울여 주니 타인의 말장난 따위로 자신을 의심할 일이 없기 때문이다.

8. 자신과 친해지려면 주기적으로 데이트를 해야 한다.

　혼자 일어설 방법을 모르겠다면 주기적으로 자신과 오붓한 데이트를 하는 걸 추천한다.

　마음이 울적할 때 카톡 리스트를 뒤져 보며 누구에게 연락할까 고민할 시간에 혼자 보고 싶었던 영화를 보러 가거나, 혼자 훌쩍 여행을 떠나 보거나,

혼자 맛집에 찾아가 혼밥도 해 본다. 이런 오붓한 데이트는 자신과 대화를 나눠 보는 좋은 기회가 된다.

"그동안 보고 싶어 했었던 영화도 못 보여 줬네, 미안해. 앞으로 데이트도 자주 하고 맛있는 것도 많이 사 줄게. 대신 힘든 일 있으면 나에게 먼저 말해 줘 우린 제일 친하잖아."

이렇게 나 자신과 다정한 대화를 나누며 친밀감을 쌓다 보면 혼자 보내는 시간을 즐길 줄 알게 되고 혼자 일어설 수 있는 힘을 키울 수 있다.

그럼 약속 없는 주말이 우울해서 카톡 리스트를 뒤적이며 미친 척 여기저기 연락을 돌려 대거나, 이미 변심한 연인을 붙잡고 늘어지거나, 나에게 함부로 대하는 사람들에게 을을 자처하며 만남을 이어 가는 자기 학대를 일삼지 않게 되고, 여유로운 마음으로 천천히 살펴보며 좋은 사람들만 가려서 곁에 둘 수 있게 된다.

사실 이 모든 팁들의 함정은 결국 나 자신부터 건

강하고 독립된 존재가 되어야 가능하다는 거다.

지금 당신을 둘러싸고 있는 인간관계의 신선도
는 어느 정도인가? 그건 당신이 어떤 사람인지 명
확하게 이야기해 준다.

가벼운 사람과
무거운 사람의 차이

평범하디 평범한 직장인이었던 나는 운이 좋게도 주변에 넓은 인맥을 가진 지인 덕분에 그동안 각종 모임과 파티에 참석할 기회가 종종 있었다. 몇백억대 매출 규모의 사업가, 재벌, 유명인, 각종 전문직 종사자들과 대화를 해 볼 수 있었는데 최상류층, 대단한 약력, 엄청난 브레인을 가진 그들 중 일부는 내 눈에 한없이 가벼워 보일 때가 있었다. 사회계층으로 따지면 나와는 비교할 수도 없는 대단한 위치의 그들이 고작 소시민인 내 눈에 만만하게 보였던 이유는 뭘까?

반면 지극히 평범한 사람들 중에서도 그 사람의 말이면 유독 신뢰가 가고 나도 모르게 존중하게 되는 사람이 있는데 이들이 하는 말속에는 무언가 견고한 뼈대가 있고 묵직한 무게가 실려 있다.

이렇게 사람들이 지닌 가벼움과 묵직함의 차이는 어디에서 오는 걸까?

곰곰이 생각해 보니 원인은 마음 중심추의 무게 차이였다. 마음 중심추가 무거운 사람이 있고 마음 중심추가 가벼운 사람이 있는데 이건 사회적인 위치나 부와는 전혀 관련이 없는 영역이었다.

마음 중심추의 무게가 가벼운 상대는 조금만 겪어 봐도 금세 알아챌 수 있는데 그 몇 가지의 특징들을 나열해 보고자 한다.

1. 자신의 이득에 따라 언행을 번복하는 사람

유난히 자신이 했던 말과 행동들을 상황에 따라

번복하는 사람들이 있는데 이들은 말의 무게나 사람 간의 약속에 대하여 큰 의미를 두지 않는다. 오직 지금 상황에서의 손익을 계산해서 그때그때 언행을 달리하며 얕은수를 쓴다. 자신은 상황에 따라 매사 합리적으로 판단한다고 생각하겠지만 당장 발밑에 한 치 앞만 볼 줄 알고 전체적인 숲을 바라보지 못하는 어리석은 사람들이다.

이들은 당장의 불편함이 싫고, 돈 몇 푼이 아쉬워 사람 간의 신뢰를 저버리는데 그 이후에 따라오는 엄청난 손실에 대해서는 미처 생각하지 못한다. 그러면서 정작 자신의 주변에 진실된 사람이 없다고 토로하는데 본인이 먼저 주변인들에게 신뢰를 깨버렸다는 사실을 망각한다.

자신의 과오로 껍데기만 남은 인맥 속에 살며 끝까지 남 탓만 하는 안타까운 케이스다.

2. 자기 주관이 없어 언행을 번복하는 사람

이런 사람들은 자신만의 주관이 없고 이미 자신

이 내렸던 결정을 자꾸만 의심하며 도무지 믿지 못한다. 이들은 자신이 선택한 진로, 자신이 선택한 이성, 심지어 자신이 선택한 짜장면이 의심돼서 옆 사람이 먹는 짬뽕 그릇을 힐끔힐끔 쳐다본다. 자신이 당시에 결정했던 선택들을 스스로가 존중하지 않기 때문에 잦은 번복을 일삼는 것이다.

남들이 별 의미 없이 내뱉는 말들이 이들에게는 강풍이 되어 몰아치고 속 빈 강정 같은 마음의 중심추는 갈대처럼 마구 흔들리기 시작한다. 어제까지는 확신을 가지고 결정했던 일들이 오판인 것 같고 어제까지는 열렬하게 사랑했던 사람이 하루아침에 달리 보인다.

스스로를 믿지 못하는 행동은 자신을 존중하지 않는 행동이기에 타인의 눈에도 한없이 만만하고 가벼워 보일 수밖에 없다.

3. 언행불일치에 부끄러움이 없는 사람

앞서 1, 2번의 케이스에 모두 해당되는 사람이다.

언과 행의 불일치는 타인과의 약속에 앞서 나 자신과의 약속을 저버리는 행위인데 이들은 이를 너무 가벼이 여긴다. 언행불일치에 대한 부끄러움 자체가 없는 것이다.

마음의 중심추가 무거운 사람이 뱉는 말은 국새가 찍힌 공문서와 같다면 마음의 중심추가 가벼운 사람이 뱉는 말은 대충 휘갈겨 쓴 법적 효력이 없는 각서와도 같다. 그만큼 말이 담고 있는 무게는 사람마다 천지 차이이고 이를 받아 보는 상대는 말 문서의 퀄리티를 금방 알아볼 수 있다.

그래서 마음의 중심추가 무거운 사람의 말 한마디에 듣는 사람은 "다 깊은 뜻이 있겠지" "그 사람 한다면 하는 사람이잖아" "그 사람과의 약속은 꼭 지켜야 해" 이렇게 생각하게 되고 마음의 중심추가 가벼운 사람의 말에는 "저 새끼 또 헛소리하네" "어차피 내일이면 까먹을걸?" "쟤 말을 믿어?" 이런 반응이 나오는 것이다.

마음의 중심추를 무겁게 만들기 위해서는 꼭 필요한 두 가지 요소가 있는데 첫 번째는 자신이 내린 결정에 대한 신뢰를 뒷받침할 수 있는 현명함이 있어야 하고 두 번째는 사사로운 손익에 흔들리지 않는 묵직한 인품을 쌓아야 한다.

나는 내 안에 있는 마음 중심추를 더욱더 단단하고 무겁게 만들고자 한다. 충분한 시간 동안 고심하고 현명하게 판단하여 간결하게 마무리 지은 언행을 번복하지 않으며 설사 시간이 지나서 그 결정이 틀렸다고 해도 그때 당시 내가 내렸던 판단을 존중하는 사람이 되고자 한다.

매사에 국새가 찍힌 공문서 같은 묵직한 사람이 되기 위해 노력하고 또 노력해야겠다.

2장 │ 삶에 애정을
품으면 보이는 것들

단 한 번만 갈 수 있는
놀이동산

자본주의를 뼈저리게 느낄 수 있는 장소 중 하나는 의외로 동심으로 가득한 놀이동산이다. 빅3, 빅5 이용권처럼 입장권 금액대에 따라 놀이기구를 탈 수 있는 횟수를 선택할 수 있고 자유이용권을 구매하면 모든 놀이기구를 이용할 수 있다.

해외 놀이동산은 자본주의가 더 심하다. 오사카 유니버셜스튜디오는 익스프레스 패스권을 구입하면 줄 서지 않는 VIP 통로를 이용해 남들은 몇 시간이고 줄 서서 기다리는 인기 놀이기구를 바로 탈 수 있는 특권이 주어진다. 이렇게 금액을 더 많이 지불하고, 더 부지런히 움직일수록 더 많은 놀이기구를 타 볼 수 있다.

우리 인생은 단 한 번뿐이 갈 수 없는 놀이동산 같다. 놀이동산의 입장과 폐장 시간은 이번 생에 우리에게 주어진 시간이며 더 많은 금액을 지불하고 더 부지런하게 움직여야 다양한 놀이기구를 탈 수 있듯이 인생에서는 다양한 경험을 쌓을 수 있다.

어차피 삶은 놀이동산처럼 잠시 머물다 가는 곳이다. 가장 소중한 건 그곳에 머무르는 시간 동안 어떤 추억을 만드느냐이다.

사람들이 나에게 20대 시절 가장 후회되는 게 무엇인지 물으면 돈도 명예도 아닌, 배낭 하나 메고 세계 여행을 가지 못한 것이라고 이야기한다.

대학 시절 내가 술과 갖은 모임들로 젊음을 즐길 동안 같은 과 동기인 현은 교환학생을 신청하여 러

시아 상트페테르부르크에서 지내며 학교에서 주는 지원금으로 수업을 듣고 주말이 되면 틈틈이 러시아를 여행했다. 그녀는 이에 그치지 않고 방학기간을 활용하여 유럽, 중동, 동남아 등 세계 곳곳을 여행했다. 여행 경비를 아껴 더 많은 나라를 가 보기 위해 배낭에 잼을 싸 들고 다니며 가장 저렴한 빵을 사서 끼니를 때웠다고 한다. 그 나이밖에 할 수 없는 시간과 체력, 여행스타일이다.

내가 지금 세계 여행을 하려면 멀쩡히 다니던 회사부터 퇴직해야 하고, 싸구려 빵으로 끼니를 때우며 종일 걸을 수 있는 체력도 없을뿐더러, 위생 따윈 기대할 수 없는 저렴한 숙소에 지친 몸을 누이기에는 무리인 나이가 되어 버렸다.

하지만 놀이동산이 폐장하기 전에 나는 반드시 세계 여행이라는 이 거대한 스케일의 가장 재미있어 보이는 놀이기구를 꼭 타 봐야겠다. 회사를 은퇴하게 되면 배낭을 메고 세계 여행에 도전할 거다.

비록 배낭여행을 아직 해 보진 못했지만 1년에

두 번 정도는 황금연휴를 이용해 국내로 해외로 여행을 떠난다. 여행은 단순한 여가 생활이 아닌 세상을 보는 시야와 나의 세계관을 넓힐 수 있는 계기가 되므로 나에게는 반드시 주기적으로 타 줘야 하는 놀이기구다.

여행 말고도 여러 재미있는 놀이기구가 있다. 그중에 우리가 매일같이 행하고 있는 미식에 대한 경험도 포함된다.

회사에서 거래처 접대 식사가 있으면 다들 불편해서 피하려 했지만 나는 자발적으로 참여하여 파인 레스토랑을 열심히 따라다녔다. 5성급 호텔의 프렌치 레스토랑에서 와인 페어링까지 인당 40만 원이 넘는 디너 코스를 경험한 적이 있었는데, 드레스코드가 스마트 캐주얼이라고 적혀 있어서 난감했던 기억이 있다.

용도가 다양한 식기와 직원 세 분이서 내 자리 테이블 정돈을 수시로 도와주시는 것도 어색하고 부담스러웠지만 두고두고 잊지 못할 멋진 경험이었다.

　반대로 낡고 허름해도 여행지에서 현지인들이 추천하는 로컬 식당은 발품을 팔아서라도 방문해 본다. 부산에 가면 자주 방문하는 곰장어 집이 있는데 자갈치 시장 한복판, 생선을 손질하는 가판 뒤에 테이블 두세 개를 놓고 식당을 운영하는 곳이다.

　애인을 한번 데려간 적이 있는데 외관을 보더니 질겁을 했다. 그래도 그 집 곰장어는 한 입만 먹어도 눈물 나는 맛이다. 멀고 허름하다는 이유로 찾아가지 않았다면 인생 맛집이라는 신나는 놀이기구를 놓칠 뻔했다.

　그 외에도 인생이라는 놀이동산에는 재미있는 놀이기구가 많다. 보고 싶었던 전시회를 보러 간다든지, 인생 영화나 책을 통해 영감을 얻는다든지, 다양한 사람과 여러 번의 연애를 걸쳐 소울메이트를 찾는다든지, 흥미로웠던 레저를 직접 경험하며 나의 신체 능력을 알아낸다든지.

부유한 사람들은 익스프레스 패스권을 구입하여 줄을 서지 않고 다양하고 멋진 경험들을 할 수 있다. 하지만 나 같은 평범한 서민도 노력하면 자유이용권 정도는 내 힘으로 구입할 수 있다.

그러나 자유이용권을 살 수 있는 능력이 충분히 있어도 자발적으로 빅3, 빅5 이용권을 사는 사람들이 있다.

"저축을 해야 해서 여행은 포기했어."

"내 주제에 무슨 프렌치? 삼겹살에 소주나 먹지 뭐."

"어디 나가면 돈 써야 하고 붐벼서 싫어. 동네가 제일 좋지."

"남자끼리 무슨 전시회? 술이나 먹을래."

이런 부류의 사람들은 백발의 노인이 되어도 다양한 경험이 없다. 빅3 이용권을 구입하고 놀이동산 폐장 시간까지 아껴가며 썼기 때문이다.

물론 단조롭고 심플한 삶을 추구하는 가치관도 존중하지만 단 한 번밖에 올 수 없는 놀이동산에서 나에게는 너무나 억울한 일이다.

올해 내 나이 서른여섯, 앞으로 특별한 사고가 없을 거라고 가정한다면 1/3 조금 넘게 살아왔다. 놀이동산 운영 시간이 보통 오전 10시에서 오후 10시까지니 나는 놀이동산에 들어온 지 현재 오후 2시쯤 되었다. 폐장 시간까지는 아직 여덟 시간 정도 남았으니 남은 시간 동안 자유이용권으로 재미있는 놀이기구를 모두 타 보고 싶다.

중간에 나의 능력치가 상승해서 돈을 더 많이 벌 수 있게 된다면 추가로 익스프레스 패스권을 구입하여 더 멋진 놀이기구를 힘들게 줄 서지 않고 타 보려 한다.

폐장하면 다시는 올 수 없는 놀이동산이니까.

사회생활 개고생
쇼의 결말

'오후 6:03'

노트북 오른쪽 하단에 떠 있는 시간을 확인했다.

"어? 퇴근 시간이네."

'탁' 경쾌한 소리와 함께 노트북을 접는데 갑자기 기가 막혀서 헛웃음이 나왔다. 단 1초, 노트북을 접는 행위로 퇴근이 완료된 것이다.

미어터지는 만원 지하철 속에 몸을 구겨 넣고 저려 오는 다리로 한 시간 거리를 버텨 내던 지난 10

년간의 세월이 스쳐 지나갔다.

마치 〈트루먼 쇼〉 같았다.

"지금까지 당신은 10년간 사회생활 개고생 쇼에 출연하셨습니다. 사실은 재택근무로도 아무 이상 없이 세상은 잘 돌아갔지만 당신은 이 쇼에 출연하기 위해 10년이나 회사까지 굳이 출근하며 개고생 하셨습니다. 덕분에 저희는 당신이 삽질하는 모습들을 지켜보며 빅 재미와 교훈을 얻었습니다."

사회자의 멘트에 얼떨떨해진 나는 이야기한다.

"그럼 제가 얻은 건 뭐죠...?"

"뭐긴요? 그냥 삽질하신 거죠. 하하하."

방청객들의 깔깔거리는 소리에 머리가 하얘지며 이 10년간의 사회생활 개고생 쇼는 막을 내린다.

이런 황당한 상상을 하다가 기가 막혀서 헛웃음이 나온 것이다.

재택근무로도 업무가 가능했었다니... 회사에 안 가면 큰일 날 줄 알았는데 지금 보니 세상은 아무 이상 없이 잘만 돌아간다. 그럼 내 10년간의 사회

생활 개고생 쇼는...?

10년이란 시간은 강산까지 변한다는데 일주일에 5일이나 회사에서 보내야 하는 월급쟁이가 느끼는 강산의 변화는 기업문화다. 세상 물가는 내 월급만 빼고 다 오른다 하지만 기업문화만큼은 확실히 엄청나게 발전했다.

라떼엔 지금은 상상할 수도 없는 미개한 문화가 가득했다. 남자 사원들은 심심하면 정강이를 발로 까였고 여자 사원들은 성희롱과 성추행에 시달렸다. 회식 때 음주 강요는 당연했다. 소주잔에 조금이라도 술이 남아 있으면 저 새끼 밑잔 깐다며 핀잔을 들었다.

이런 격동의 개고생 쇼에 함께 출연한 나와 같은 80년대생들을 보면 마음이 짠하다. 이들은 나이가 들고 대리나 과장급 짬밥을 먹어도 습관성 군기로 인해 지금도 팀장이 헛기침하며 "오늘 점심 함께 먹을 사람 없나?" 하면 가장 먼저 일어나서 "가시죠! 팀장님 저번에 좋아하셨던 국밥집으로 모실까요?" 같은 자기의식과 상관없는 학습된 자동화 기능 멘트를 날린다.

비교적 선진문화 속에서 학창 시절을 보내고 사회생활을 시작한 90년대생들은 자신의 의사 표현이 확실해서 내키지 않으면 들은 체도 안 하고 모니터만 들여다보고 있다.

난 그들이 참 부러울 때가 많다. 학창 시절부터 사랑의 매가 일상이었고 미개한 기업문화 속 노예 생활이 익숙한 80년대생들을 주무르던 상사들은 개인의 행복과 자유가 우선인 90년대생들이 입사하기 시작하면서 혼돈을 겪게 되는데 그래서 요즘 서점에 가 보면 《90년생과 일하는 방법》, 《90년생과 갈등 없이 잘 지내는 대화법》, 《90년생과 어떻게 일할 것인가》 같은 책들을 매대에서 심심치 않게 볼 수 있다. 이렇게 한 세대만 차이 나도 삶의 질이 달라진다.

하지만 너무 억울해하지는 않기로 했다. 10년 동

안 사회생활 개고생 쇼를 하며 얻은 건 분명 있으니까.

어린 시절 나는 독종이었다. 하고 싶은 걸 제지당하면 맞으면서도 해야 했다. 우리 집은 꽤 엄한 편이었는데 초등학교 때는 오후 5시까지가 귀가 시간이었다. 친구네 집에서 안전하게 놀고 있다고 전화를 걸어도 소용없었고 그냥 나는 쿨하게 전화를 끊어 버리고 한두 시간 더 놀다가 집에 들어가서 두들겨 맞았다.

이 패턴은 중학교, 고등학교 때까지 이어져서 항상 양껏 놀고 들어가서 두들겨 맞는 게 일상이었다. 내가 신나고 행복해하는 지금의 흥이 깨지는 것보다는 귓방망이 몇 대 맞는 게 더 나았다.

그건 학교에서도 마찬가지였다. 아침밥을 꼭 먹어야 했던 나는 아침에 느긋하게 진지를 잡수시고는 학교에 도착하면 항상 지각이었다. 지각한 벌로 교복 치마를 돌돌 말아서 허벅지 사이에 끼우고 운동장에서 오리걸음을 하곤 했는데 그 와중에 아침밥을 먹고 아침 운동을 한다고 생각했다. 등교 시간을 맞추기 위해서 나만의 소중한 아침을 거르는 게 더 싫었기 때문이다.

하고 싶으면 맞아서라도 했고 하기 싫으면 맞아서라도 안 했다. 그렇게 맞고 살아도 맷집은 한결같이 늘지 않아서 남들 열 대 맞으며 두 번 쉴 때 나는 다섯 번을 쉬어 가며 맞았다.

대학에 가도 마이웨이 인생은 변함이 없었다.

"안녕하십니까 선배님!!!!"

동기들이 학과 선배들을 보며 90도로 목청껏 인사할 때 나 홀로 고개를 꼿꼿이 세우고 지나갔다.

'지네가 등록금을 내줬어, 밥을 사 줬어. 언제 봤다고 선배님이야. 나는 내 갈 길 가련다.'

체벌이 만연한 중고등학교 때도 마이웨이였는데 나에게 대학은 그냥 비싼 돈 주고 다니는 학원 같았다. 졸업장을 따기 위해 다니는 학원에서 하는 선배님 놀이가 나에겐 유치해 보일 뿐이었고 결국 선배들도 이런 나를 포기했다.

　이렇게 아무리 두들겨 패도 제멋대로 살아야 직성이 풀렸던 내가 지금은 자의적으로 한 시간 전에 출근하는 나름 성실한 인간이 되었는데 부모님도 학교도 해내지 못했던 이 엄청난 일을 회사가 해냈다.

　두들겨 패지도 않는 회사가 어떻게 나를 변화시켰을까?

　부모님과 학교는 나보다 더 성숙하고 이성적이었다. 나를 교화시키려는 사람들 속에서 나는 철없이 제멋대로인 망아지 역할을 할 수 있었는데 막상 회사에 와 보니 나보다 훨씬 더 제멋대로인 망아지 (x) 망나니(o) + 초특급 꼰대 상사 밑에서 일해야 했고 말을 듣지 않으면 쿨하게 귓방망이 몇 대 맞고 끝나는 게 아닌 밥줄에 위협이 가해지니 버티지 않을 수 없었다. 안락한 학교와 다르게 이 바닥에서 먹고살려면 하기 싫어도 참고 하는 법을 배워야만

했다.

　나흘 연속 점심 메뉴로 동태찌개를 먹어야 할 때도 있었고 퇴근 시간이 되어 인사를 돌리면 가방을 다시 자리에 놓고 오라고 하더니 갑자기 말도 안 되는 잡일을 주며 야근을 시킬 때도 있었고 열두 명이 입을 댄 소주잔에 술을 따라 줘서 잔을 바꿔 달라 하면 깔끔 떤다고 면박을 주기도 했고 매일 사무실에서 하는 아침 체조 시간에 정장 치마를 입고 체조하기 싫어 화장실에 숨어 있으면 어김없이 팀장 면담을 해야 했으며 워크숍으로 가장한 소주 파티에 강제로 끌려와 주방에서 무수리처럼 종일 상추를 씻다가 서러워서 눈물을 훔치기도 했다. 게다가 아침부터 딱히 이슈 없는 면담을 핑계로 카페에 끌려 나와 아빠뻘 팀장과 강제 모닝 데이트를 해야 할 때도 있었다.

　하지만 이런 사회생활 개고생 쇼로 인해 나는 정말 많이 성장했다.

하기 싫은 일을 꾹 참고 끝까지 해내는 인내와 끈기, 여러 가지 타입의 꼰대 상사를 대처하는 각종 처세술을 배웠고 다양한 사람들과 일하며 다양한 유형의 인간 데이터가 쌓이다 보니 사람 보는 눈도 키울 수 있었다. 그리고 하기 힘든 거절이나 싫은 소리들을 환하게 웃으며 농담처럼 말할 수 있는 빙쌍(빙그레 쌍년) 권법도 탑재되었다. 게다가 죽일 듯이 싫은 상사 옆에서 매일 함께하다 보니 원수를 사랑할 수 있는 법까지 깨닫는 경지에 이르렀다.

만약 내가 10년 늦게 태어나 2023년 선진기업문화 속에서 사회 초년생으로 막 입사했다면 10년이 지난 2033년이 되어도 깨달을 수 없는 것들이다.

〈트루먼 쇼〉의 또 다른 결말을 상상해 본다.

"지금까지 당신은 10년간 사회생활 개고생 쇼에 출연하셨습니다."

사회자의 이야기에 나는 두 손을 번쩍 들어 올리며 외칠 거다.

"그동안 저의 사회생활 개고생 쇼를 시청해 주셔서 감사합니다. 정말 비싼 대가를 치렀지만 그만큼 얻어 가는 게 많았습니다. 10년간 이 쇼에 출연하면서 깨달은 것들로 남은 50년은 훨씬 더 현명하게 살 수 있게 되어 감사합니다."

방청객들의 환호성과 박수소리로 이 10년간의 사회생활 개고생 쇼는 막을 내린다.

삶이라는
예술작품

"열심히 살아도 부질없네. 애초부터 금수저로 태어났었어야 해."

카페 옆 테이블에 앉은 사람의 볼멘소리가 들려왔다. 나 또한 과거에 끊임없이 품어 왔던 불만이었다. 삶은 시작하기도 전에 이미 주어진 재료부터 불공평했으니까.

누군가에겐 금이 주어지고.

누군가에겐 은이 주어지고.

누군가에겐 돈이 주어지고.

누군가에겐 흙이 주어지는데 하필이면 그게 나였다.

처음에는 나에게 주어진 재료가 흙이라는 사실을 받아들이기 힘들었다. 옆에 앉은 사람들은 화려한 금과 은을 재료로 삶이라는 작품을 만들어 내고 있었다. 공부를 못해도 미국으로 가서 명문대 학위를 사는 걸 보았고, 취업을 못해도 가업승계를 받아 CEO 직함을 달았다. 이렇게 누군가는 우아하고 고급스러워 보이는 작품을 너무나도 쉽게 만들었다.

나는 내 앞에 놓여 있는 볼품없는 흙더미를 노려보며 잔인한 현실에 탄식했다. 애초부터 상대가 안 되는 게임이었으니까.

그러다 몇 년 전, 진짜 흙으로 만든 예술작품을 보게 되었다. 비가 추적추적 내리던 날, 홀로 찾은 제주의 미술관에서 당시 작가 김창영의 〈모래, 흔적 그리고 인생〉이라는 전시를 열고 있었는데 캔버스 위에 모래를 붙이고 다양한 색을 입혀 독창적으로 표현한 작품들이 너무 멋져, 한참을 서서 감상했던 기억이 난다.

비록 작품의 재료는 모래였지만, 결과물은 우아하고 현대적이며 아름답기까지 한 김창영 작가의 작품은 나에게 삶과 예술에 대한 성찰을 주었는데, 주관적인 아름다움으로 평가되는 정답 없는 예술은 우리의 삶과 무척이나 닮아 있었다.

과거의 나는 아름다운 삶에 대한 기준을 얼마나 많은 부를 이루었는가로 평가했다. 통장에 잔고가 얼마가 있고, 어느 지역에 살고 있으며, 어떤 브랜드의 아파트에 살고, 어떤 고급 차량을 끄는지 이렇게 인생을 수치화하고 많이 가지고 누릴수록 아름다운 삶이라고 여겼다.

그러나 삶에 대한 고찰을 거듭할수록 삶은 수치로만 평가할 수 있는 단순한 영역이 아니었다. 대한민국의 일류 항공사나 언론사를 이끌어 온 재벌가의 사람들이 약자에게 입에 담을 수도 없는 상스러운 욕설을 내뱉는 장면을 보며 금이라는 재료가 차고 넘쳐도 작가의 역량이 부족하면 결코 '아름다운 삶'이라는 작품을 만들 수 없다는 사실을 깨달았다.

삶은 인성, 습관, 취향, 라이프 스타일, 성취, 부, 사랑과 같은 복합적인 재료가 한데 어우러져 조화를 이룬 개개인의 독창적인 작품인데 여기서 고작 한두 가지가 결여되어 추한 형태로 변질돼 버린 삶도 있고, 대부분이 결여되어도 기어이 예술로 승화해 내는 삶도 있다.

지독한 가난 속에서 나흘간 커피로만 끼니를 때우며 캔버스에 열정을 불태웠던 반 고흐, 연인이자 뮤즈였던 디에고의 배신에 대한 고통을 예술로 승화한 프리다 칼로처럼 그들의 삶은 고통마저 아름다운 작품이 되었다.

결국 삶이라는 작품의 최종 가치는 주어진 재료보다 작품을 만드는 작가의 역량이 결정적으로 작용한다. 똥손에게 금이 주어지고, 금손에게 흙이 주어진다면. 그램 수로 가격을 책정하는 귀금속 상가에서는 똥손이 만든 금붙이를 더 높게 쳐줄 것이다. 그러나 예술성에 가치를 매기는 갤러리에서는 이야기가 달라진다.

나는 저울 위 인생보다 갤러리에 걸린 인생을 살고 싶다. 나는 당장 손에 주어지는 금이라는 재료보다 고통과 가난마저 예술로 승화해 내는 뛰어난 작가의 역량을 가지고 싶다.

이제 더 이상 타인의 작품을 들여다보는 데 시간을 쓰지 않기로 했다. 나는 내팽개쳐 두었던 흙을 모아 손에 꼭 쥐어 보았다. 그 속에는 소란했던 기억들과 크고 작은 고통의 알갱이들이 한데 뒤섞여 있었다.

흙은 초라하고 투박하지만 생명을 품는다. 이제 이 흙을 재료로 최대한의 역량을 발휘하여 나만의 독창적이고 멋진 예술작품을 만들어 보고자 한다.

고혈압 오진으로 인해
브런치 장인이 되었다

"고혈압이시네요. 약을 처방해 드릴까요?"

나는 방금 불치병을 선고받아 하늘이 무너져 내리는 것 같은데 의사 영감님은 무미건조하게 모니터를 보며 감기약을 처방하듯 이야기했다.

서른셋, 지극히 정상 체중인 내가 고혈압이라는 게 믿기지 않아 혈압을 몇 번이나 다시 재 봐도 140에 가까운 수치였다. 회사에서 매년 정기적으로 건강검진을 받았고 작년까지도 정상 범위였는데 이상한 일이었다.

　고혈압 약은 한번 복용하면 평생을 먹어야 하기 때문에 약 처방을 거절하고 자연치유를 해 보겠다고 마음먹었다.

　30대 초반에 고혈압이라니... 매번 느끼는 거지만 나는 참 특별한(?) 인생이다.

　병원을 나서자마자 약국에 가서 혈행 개선에 도움이 되는 영양제들을 샀다. 이젠 그렇게 좋아했던 와인도 끊어야 한다. 그러기엔 아직 살날이 너무 많아서 자꾸만 눈물이 났다. 술을 끊는 건 굳은 의지만 있으면 가능하지만 문제는 매일 먹어야 하는 식단이었다.

　한식은 고혈압 환자한테는 최악의 식단이다. 한식 중에서 가장 건강식이라고 평가받는 김치마저도 염분이 가득하다.

　고혈압 환자의 식단은 저염식, 채소 위주, 고단백 식단인데 샐러드가 가장 적합했다. 처음엔 샐러드를 매끼 사 먹었는데 너무 비쌌다. 샐러드 전문점에 가면 배도 안 차는 샐러드 한 보울에 만 5천 원은 우습게 받았다. 그래서 직접 샐러드 재료를 사서 시판용 소스를 뿌려 먹었는데 일주일 내내 먹다 보니 삶의 의욕이 사라졌다.

그러나 생존을 위해서는 식단 관리를 포기할 수 없으니 평생을 질리지 않게 먹을 수 있는 고혈압 식단을 연구하기 시작했다. 샐러드와 일반식의 경계에 있는 음식은 '브런치'였다. 예전엔 친구들이 브런치 카페에 가자 하면 질색하곤 했다. 별다른 조리과정 없이 빵 쪼가리 몇 개 굽고 풀때기 좀 올리고 소시지 하나 얹어 비싼 가격을 받는 게 아깝게 느껴졌기 때문이었다. 하지만 이젠 브런치라는 존재 자체가 참 고마워졌다.

나는 고혈압 식단을 접목한 브런치 메뉴를 만들었는데 보통 브런치는 베이컨, 소시지, 팬케이크, 메이플 시럽이 주재료지만 나는 닭가슴살 소시지,

방울 양배추, 콜리플라워, 아스파라거스, 래디시 등을 주재료로 썼다.

하기 싫은 건 절대 안 하는 나란 인간을 모시고 사는 건 정말 고된 일이었다. 비위를 맞추려면 최대한 맛있게 만들어서 먹여야 했다. 이태리 식당에 가게 되면 샐러드를 꼭 시켰는데 드레싱을 먹어 보기 위해서였다. 시판용 드레싱은 자극적인 맛인데 금방 물렸지만 이상하게 나와서 사 먹는 샐러드는 채소 한 점 남기지 않게 만드는 고급진 맛이었다.

고급진 맛을 분석해 본 결과 몇 가지 조건이 필요했다.

1. 양상추 외에 로메인, 루꼴라, 바질 같은 바다 건너온 외쿡 채소를 섞어야 한다.
2. 채소의 물기는 완벽하게 제거되어야 한다.
3. 최상급 엑스트라 버진 올리브유, 좋은 소금, 레몬즙을 섞어서 기본 드레싱을 만들어 버무린다.
4. 드레싱에 발사믹 식초를 섞는 대신, 완성된 샐러드 위

에 발사믹 글레이즈를 뿌려 준다.

분석이 끝나자마자 백화점 식품 코너로 갔다. 최상급 엑스트라 버진 올리브유, 프랑스산 이즈니 버터, 트러플 소금, 트러플 오일, 발사믹 글레이즈, 그라인더 통후추를 샀다. 처음엔 돈이 많이 들었지만 몇 달 내내 매끼 이태리 식당에서 먹던 고급진 샐러드를 질리지 않고 먹을 수 있었다.

그 외에도 다양한 조리법을 터득했는데, 맛있는 브런치를 만드는 팁 몇 가지를 소개해 보겠다.

1. 아스파라거스는 올리브유에 볶아야 하는데 너무 숨이 죽으면 맛이 없다.
2. 방울 양배추와 콜리플라워는 버터에 볶아 먹는 게 가장 맛있다.
3. 아보카도를 자를 때는 칼을 스치듯 썬다는 느낌보다는 일직선으로 내려 썰어야 모양이 흐트러지지 않는다.
4. 새우는 손질이 다 된 냉동새우를 사면 되는데 크기가

커야 맛있다.

5. 스테이크는 최대한 예열하여 연기가 자욱할 때 올려야
   한다.

6. 수란을 만들 때는 끓는 물을 빠르게 휘저어서 소용돌이
   안에 정확히 달걀을 넣어야 한다.

고혈압은 나를 브런치 장인으로 만들어 주었다. 내가 만든 브런치는 웬만한 브런치 가게들보다 더 맛있었고 덕분에 나는 저염식, 채소 위주, 고단백 식단을 몇 개월 내내 질리지 않고 맛있게 먹으며 유지할 수 있었다.

식단 외에도 자연치유를 위해 꾸준히 해 왔던 노력이 있었는데 바로 '대나무 밟기'였다. TV 건강 프로그램에서 고혈압 환자가 혈압약을 먹지 않고 매일 대나무로 발을 지압하는 실험을 진행했고 일정 기간이 지난 뒤 혈압 수치가 확연히 내려간 효과를 입증해 보였다. 나는 당장 인터넷으로 대나무를 주문했고 매일 30분 정도 꾸준히 대나무를 밟으며 고

혈압이 완치되는 기적을 기도했다.

그로부터 6개월 뒤, 이번엔 다른 병원을 찾았다. 그동안 간간이 혈압을 재 봤을 때 수치가 들쑥날쑥하여 불안했지만, 브런치의 장인이 된 만큼 내 건강도 좋아졌기를 간절히 바라면서 다시 재 본 혈압은 지극히 정상이었다.

"어디 병원에서 고혈압이라고 한 거예요? 지금 나이가 겨우 서른네 살인데 이 체중으로 절대 고혈압이 나올 수가 없어요. 제가 추측하기엔 스트레스 과다로 인해 자율신경계에 이상이 생겨 일시적으로 혈압이 높게 나왔을 것 같아요. 어떻게 혈압을 단 하루만 재 보고 혈압약을 권유했는지 제 소견으로는 도저히 이해가 안 가네요."

여의사는 고개를 갸우뚱하면서 이야기했다.

알고 봤더니 6개월 전에 진료했던 의사 영감님은 돌팔이였다. 돌팔이 영감님 때문에 화가 나기보다는 하늘을 우러러 "감사합니다."라고 외치고 싶었다. 신체가 건강한 것만으로도 얼마나 큰 행운인지

6개월 내내 뼈저리게 느꼈으니까.

만약 그때 내가 혈압약을 타서 6개월 동안 복용했더라면 큰 문제가 생겼을 수 있겠지만 지난 6개월을 돌이켜 보면 결과적으로 나에게 모두 도움이 되었다.

[고혈압 오진으로 인한 결과]

1. 브런치 장인이 됐다.

2. 술을 끊어서 간이 깨끗해졌다.

3. 식단 공부를 하면서 영양학 적으로 지식이 방대해졌다.

4. 6개월 내내 대나무로 꾸준히 지압해서 혈액순환에 도움이 되었다.

5. 건강 보조제를 더 열심히 챙겨 먹었다.

6. 건강하다는 자체만으로도 감사하는 삶을 살 수 있었다.

그리고 추가로 작가의 길이 잘 안 풀리면 돈을 모아서 브런치 가게를 창업할 생각이다. 인생에 또 다른 길을 밝혀 준 것도 고혈압 오진이었다.

고혈압 오진으로 브런치 카페 창업이라는 새로운 길을 알게 된 것도, 어렵게 이직한 직장이 나를 실망시켜서 작가가 된 것도.

위기가 한순간에 기회로 바뀌는 인생은 정말 알다가도 모르겠다.

취향이 인생을 만든다

친구 현은 미혼 때부터 유독 남자복이 좋았다. 그녀가 만나는 남자는 대부분 건실하고 다정다감한 훈남들이었다.

현이 마지막으로 선택한 남자 또한 이변은 없었다. 그녀는 가정적이고 다정한 훈남 파일럿과 백년가약을 맺었다. 덕분에 지금도 변함없이 평온하고 알콩달콩한 결혼생활을 누리고 있다.

"너는 남자복이 참 좋아."

"응, 난 남자복 하나는 타고난 것 같아."

문득 인성 좋고 훈훈한 남자들만 쏙쏙 골라서 만나는 현의 비결이 궁금해졌다. 나는 현이 태생부터 남자복이 좋은 팔자라 만나는 사람마다 운이 좋았다고 생각했는데, 그녀와 대화를 나눠 보니 단순히 운이 만들어 낸 결과값이 아니라는 걸 깨달았다.

현의 이성관 안에는 '인성이 좋고 다정한 남자'라는 명확한 취향이 있었다. 거기에 어긋나는 사람은 애초부터 시작조차 하지 않았고 설사 모르고 시작했다고 해도 단박에 마음 정리를 할 수 있는 절대적인 선이 있었다. 그녀의 순탄하고 행복한 팔자는 결국 자신의 뚜렷한 취향이 만들어 낸 것이었다.

현의 이야기를 들으며 취향이 인생에 미치는 영향에 대하여 고찰해 보았는데 취향은 지금까지 내가 만들어 온 인생의 저변에 깔려 있는 근본적인 틀이었고, 앞으로 살아가면서 창조하게 될 인생의 중요한 방향키였다.

신분제가 사라진 현대사회에서는 다양한 직업과 다양한 인생이 존재한다. 같은 부모 밑에서 태어난 형제가 전혀 다른 인생을 살기도 하고, 같은 반을 졸업한 친구가 사회로 나가서 전혀 다른 인생을 살기도 한다. 그렇게 인간의 인생은 각자 여러 갈래로 뿔뿔이 흩어지게 되는데 그 갈래에는 개인의 취향이 절대적으로 반영된다.

현재 나의 삶을 둘러봐도 과거의 취향대로 창조되어 있다는 걸 알 수 있다. 내가 몸담고 있는 회사, 내가 살고 있는 집, 내 옷장 속을 가득 메운 옷, 내가 매일 먹는 음식들은 지극히 나의 취향대로 채워진다. 취향에 따라 자주 머무르게 되는 장소가 결정되고, 그 장소에서 만난 사람들은 자연스레 나의 인간관계 안으로 스며들며 그들 중에 최측근이 된 사람들은 나의 취향과 가장 잘 맞는 사람들이다.

그렇게 취향이 맞는 사람들끼리 어울려 가치관을 교류하는 과정에서 나의 가치관도 같은 색으로 물들고 그 가치관은 인생관으로 굳혀지며 삶의 지표가 된다.

　다양한 형태로 자리 잡은 개개인의 인생을 존중하지만 삶의 질의 차이는 분명 존재한다. 대부분의 사람들은 '부'를 획득해야만 삶의 질을 향상시킬 수 있다고 하나, 나는 '부'보다 얼마나 '건강한 취향'을 가지고 있는지가 관건이라고 생각한다.

　억만금을 가진 부호가 취향이 건강하지 못하면 마약과 색에 찌든 난잡한 삶을 살게 되고 평범한 소시민이 건강한 취향을 가지고 있으면 적은 돈으로도 충분히 우아하고 가치 있는 삶을 살 수 있다.

　삶의 질을 높이기 위해서는 자신의 취향부터 바꾸어야 한다. 음지에 있는 취향을 양지로 끌어올려 건강한 방향으로 바꾸어야 하고, 거기서 좀 더 가치 있고 우아한 취향까지 추구할 수 있는 안목을 갖춘다면 삶은 더할 나위 없이 윤택해진다. 취향을 바꾸면 내가 머무르는 장소가 바뀌고 인간관계가 바뀌고 인생관이 바뀌고 직업이 바뀌고 건강까지 바꿀 수 있다.

나는 주기적으로 나의 취향의 방향성을 체크한다. 나라는 인간은 사색하고 글을 쓰는 걸 즐기지만 음주 또한 즐기는 양극의 취향을 가지고 있으니 현재 나의 취향이 어느 방향으로 향하고 있는지 수시로 체크해 봐야 한다.

취향의 방향성을 체크할 때 가장 유용한 방법은 이번 달 카드 명세서를 확인하는 거다. 소비내역은 개인의 취향을 직접적으로 나타내는 척도다. 만약 수중에 100만 원이 들어온다면 누군가는 3개월 치 자기 개발비에 투자하고 누군가는 하룻밤 유흥비로 탕진하는 것처럼 같은 금액으로도 취향에 따라 이렇게나 다른 소비를 추구한다. 그러므로 신용카드 명세서만큼 그 사람의 취향을 적나라하게 보여주는 건 없다.

우리는 취향의 방향키를 단단히 부여잡고 건강하고 우아하며 가치 있는 쪽으로 가고 있는지 주기적으로 체크해 봐야 한다.

미래의 삶은 지금의 취향들로 창조되어 있을 테니까.

지하철에서
성인聖人을 만나다

금요일 퇴근길, 나는 만원 지하철 인파 속에 끼인 채로 간신히 서 있었다. 한 주를 꼬박 버텨 낸 내 저질 체력에 한계가 왔는지 오늘따라 자주 신던 하이힐마저 버거워 다리가 배배 꼬인다.

"이번 역은 금호, 금호역입니다."

그때 내 앞에 앉아 있던 사람이 벌떡 일어났다.

'후우 살았다...'

자리에 앉자마자 그제서야 다리에 피가 통하는

삶에 애정을 품으면 보이는 것들

것 같다. 그러나 불행하게도 앉은 지 5분도 안 되어 사막의 오아시스 같았던 소중한 자리를 다시 반납해야 했다.

70대 정도 되어 보이는 할아버지를 40대 정도 되어 보이는 아들이 부축하며 걸어와 내 앞에 서더니 말을 걸었다.

"죄송한데... 자리 좀 양보해 주시겠습니까?"

나는 재빨리 고개를 들어 노약자석을 살폈는데 자리가 남아 있을 리 없었다.

"네, 앉으세요."

그렇게 자리를 양보해 드리고 일어섰는데 앞으로 이 상태로 30분은 더 가야 한다는 생각에 막막함이 밀려왔다.

'아니... 이 많은 사람들 중에 왜 하필 하이힐 신은 나에게...'

나도 모르게 한숨을 내뱉을 뻔했다.

그런데 그 부자를 찬찬히 살펴보니 할아버지 상태가 많이 안 좋으신 것 같았다. 할아버지는 눈을 지그시 감고 가쁜 숨을 몰아쉬며 사시나무처럼 떨고 계셨는데 그 모습이 꽤나 위태로워 보였다. 달리는 지하철 안에서 앰뷸런스를 부를 수도 없는 노릇이고 목적지까지는 어떻게든 견뎌 내야 하는 상황.

아들은 할아버지 앞에 서서 두 손을 마주 잡고 걱정스러운 얼굴로 내려다보고 있었다. 할아버지가 힘들어하실 때마다 아들은 할아버지 손을 꼭꼭 누르며 주물러 주었는데 마치 "아버지 조금만 더 힘을 내세요."라고 이야기하는 것 같았다. 그렇게 부자는 맞잡은 손에 서로를 의지한 채 아무 말 없이 묵묵하게 위기를 견뎌 내고 있었다.

그 모습을 유심히 지켜보고 있던 나를 제외한 다른 승객들은 각자 휴대폰을 들여다보느라 이 상황을 전혀 모르고 있는 것 같았다. 부자를 위해 내가 할 수 있는 일은 그저 목적지에 다다를 때까지 할아버지가 잘 버텨 주시길 기도하는 게 전부였다.

그렇게 20여 분가량의 기나긴 시간이 흘렀고 점

점 더 힘들어하시는 할아버지가 걱정되는 마음에 아픈 다리의 감각조차 잊어버릴 때쯤

"이번 역은 홍제, 홍제역입니다."

20분 내내 할아버지의 두 손을 단 한 번도 놓지 않고 있던 아들이 드디어 할아버지를 조심스럽게 안아서 일으켜 세웠다.

"홍제예요, 홍제! 내리셔야 해요."

아들은 할아버지를 부축하며 출입문 앞으로 걸어갔고 나는 혹여나 할아버지가 쓰러지시진 않을까 걱정되어 그들이 안전하게 내릴 때까지 뒤에 서서 정황을 살피고 있었는데 문이 열리고 아들이 휙 돌아보더니 내게 말했다.

"자리 양보해 주셔서 감사합니다."

"아, 네..."

그렇게 부자는 무사히 열차에서 내렸고 스크린 도어가 닫히기 직전, 아들이 할아버지에게 건네는 말을 듣게 되었는데 그 말을 듣고 그날 밤 잠이 오지 않았다.

"어르신 댁이 어디세요? 그 근처 병원으로 가요."

성인聖人은 현세에서도 존재하고 있었다. 그것도 아주 평범한 모습으로.

'선행'이 '능력'이라는 범주 안에 포함된다면 그를 따라올 사람이 몇이나 될까? 나는 일면식도 없는 낯선 노인의 손을 주저 없이 꼭 잡아 줄 수 있는 따뜻하고 용기 있는 사람이 될 수 있을까?

어떻게 해야 그만큼의 그릇이 될 수 있을까?

성공한 사람들은
무모함을 응원한다

저번 주 주말은 부지런히 돌아다니며 다양한 직업의 사람들을 만났다.

시인, 헤어 디자이너, 타로 유튜버로 평범한 직장인과는 달리 개성 있는 직업을 가진 사람들이었다. 그들은 각자 다른 분야에 종사하고 있지만 몇 가지 공통점이 있었는데.

재미있는 일로 수익을 창출해 본업이 되었다는 점과, 항상 긍정적인 생각으로 새로운 도전을 지향

하여 성공한 사람들이었다.

토요일 오후, 지인의 소개로 맑은 눈빛의 시인을 만났다. 그녀는 어릴 때부터 꾸준히 글을 써 오다 젊은 나이에 등단하여 시인이 되었는데 한결같은 신념을 지켜 온 그녀의 외길 인생이 존경스러웠다.

"시는 마치 형태를 알아볼 수 없는 추상화 같아요. 저에게는 너무 어려운 장르예요."

나 또한 글을 쓰는 사람이지만 시는 어렵게 느껴져 토로했더니, 그녀는 이렇게 대답했다.

"각자의 다양한 세계를 글로 자유롭게 표현해 내는 게 시예요. 어려워서 이해가 안 되는 시는 서로 세계관이 맞지 않구나 생각하시면 돼요. 한번 시도해 보세요. 시는 누구나 쓸 수 있어요."

그녀는 이어서 옆에 있던 지인에게도 평소에 참신한 발상을 잘한다며 글을 써 보라고 권유했다. 글을 전혀 쓰지 않는 사람인데도 가능성을 알아보고 진심을 담아 조언해 주는 그녀는 새로운 시도에 대해 매우 긍정적인 사람이었다.

일요일에는 머리를 하러 간만에 헤어샵에 갔다. 집에서도 회사에서도 한 시간 거리인 헤어샵이지만 나는 항상 그곳만 찾는다. 지인의 추천으로 알게 된 헤어 디자이너 분이 계신 곳인데 펌이 잘 나오지 않는 얇은 머리카락을 가졌으면서 까다롭기까지 한 나를 상대로 원하는 머리를 완벽하게 만들어 내는 그의 기술력에 감탄한 후 단골이 되었다.

오랜만에 찾아갔더니 그는 결혼을 해서 유부남이 되어 있었고, 결혼 축하 인사로 운을 뗐다가 그분의 인생 이야기를 듣게 되었다.

그는 통영 끝자락에 있는 작은 시골 마을에서 태어나 가난한 어린 시절을 보냈다. 미용학교를 졸업하고 마을에 있는 미용실에서 근무하다 군대에 갔고 제대 후 서울로 상경해서 영등포 타임스퀘어에 입점해 있는 유명 헤어샵을 보게 되었는데 보자마자 가슴이 뛰어서 다짜고짜 들어가 시키는 건 뭐든지 할 테니 일할 수 있게 해 달라고 했다. 그렇게 그 헤어샵과 인연이 닿아 11년간 몸담게 되었고 현재는 분점의 메인 원장으로 근무하고 있다.

그는 고작 서른셋의 젊은 나이에 매달 부모님께 생활비를 400만 원씩이나 드리면서도 억 소리 나는 포르쉐를 끈다. 결혼 자금도 혼자서 해결해 냈는데 요즘 시대에 흔치 않은 자수성가의 표본이다.

그는 미용 일을 하다가 중간에 그만두고 만두 가게를 차렸는데 장사가 대박나서 많은 돈을 벌었지만 돌연 만두 가게를 접고 다시 헤어샵으로 돌아왔다고 한다. 이유는 단지 미용 일이 더 재미있어서였다. 헤어샵으로 돌아온 후 결국 메인 원장을 달았고 만두 가게를 운영할 때보다 더 많은 부를 축적할 수 있었다.

나 또한 그를 대체할 만한 디자이너를 찾지 못해 몇십만 원짜리 정기권을 끊어 두고 지금도 그의 수입에 열심히 일조하고 있다.

"재밌는 걸 하고 살아요, 돈을 좇지 말고. 그러면 결국 성공해요."

"주변에 미용으로 성공한 친구가 또 있는데 심하게 긍정적인 친구라서 맛없는 설렁탕집에 가서도 김치가 맛있다며 감탄하던 친구였어요. 그렇게 긍정적인 마음을 가지고 일하더니 결국 성공하더라고요."

"미용 일에 관심 있으면 도전해 보세요. 30대 중반이라도 늦지 않았어요. 평생 할 수 있는 직업이잖아요. 미용 자격증 따고 오면 미팅 한번 해요."

그는 성공의 비밀을 고작 서른세 살에 모두 알고 있었다. 그래서 미용 일을 하든 만두 가게를 차리든 매번 성공할 수 있었다.

머리를 하고 나서 지인을 만나러 갔다. 그는 타로 유튜버라는 특별한 직업을 가지고 있었는데 특별한 직업을 가지게 된 사연 또한 특별했다.

그는 5년 동안 사법고시에 응시했지만 모두 낙방

하였고 시험을 준비하면서 답답한 마음에 틈틈이 타로를 보러 다니다 타로에 흥미가 생겨 5년이나 준비해 왔던 고시 공부를 그만두고 타로 상담사가 되었다.

처음엔 홍대에 있는 타로카페에서 근무했는데 적중률이 워낙 좋아서 입소문을 탔고 주변 사람들의 권유로 생각지도 못했던 유튜브를 시작하고 난 뒤 더 많은 고객들을 모을 수 있었다. 그는 유튜브에 그치지 않고 타로 강연, 전화 타로 상담 등으로 부수입을 올렸고 요즘은 행운을 부르는 원석으로 팔찌를 제작하여 판매하고 있다. 그의 최종 목표는 타로 어플을 직접 개발하는 건데 이렇게 바쁜 와중에도 시간 날 때마다 틈틈이 개발자들과 미팅을 가진다.

그는 이미 월 천만 원 정도의 수입을 올리고 있었지만 이에 만족하지 않고 끊임없이 새로운 시도를 하며 더 많은 수입 경로를 개척해 나갔다.

"이것저것 따지면 대한민국에서 할 수 있는 건

아무것도 없어. 실력이 부족하다는 생각이 들어도 좋아하는 일이면 우선 시작해! 퀄리티가 좀 떨어져도 분명히 그에 맞는 독자층이 있어."

"무조건 좋은 조건에서 시작해야 성공한다고 생각하면 아무것도 못 해."

"나도 처음에 영상 편집할 때 서툴고 허접했지만 꾸준히 하다 보니 그에 맞는 독자층이 생겨났고 그들이 입소문을 내면서 구독자가 점점 늘어나더라고."

"정체되어 있는 시기도 있었지만 포기하지 않고 꾸준하게 영상을 올리다 보면 구독자가 다시 확 늘어나는 시기가 와. 항상 꾸준함이 중요해."

"다 잘 될 거라는 긍정적인 생각을 잃지 말고 계속 해 나가면 돼."

그 또한 성공의 비밀을 모두 이해하고 실천해 나가고 있었다.

정말 알찬 주말이었다. 좋아하는 일로 성공한 사

람들의 비밀을 알아냈으니까. 그들은 새로운 시도를 하는데 에너지를 아끼지 않았고, 순수한 열정으로 좋아하는 일을 꾸준하게 해 왔더니 성공이 따라왔다. 비밀을 알고 있는 그들은 나의 도전에도 아낌없는 격려와 응원을 해 주었다.

과거의 나는 다소 무모해 보이는 도전을 앞두고 조언을 구하는 사람들에게 지극히 현실적인 조언을 건넸다.

"직장을 그만두고 워킹 홀리데이를 다녀올까? 올해가 지나면 지원할 수 없어서."

"워킹 홀리데이를 가기에는 너무 늦었어. 다녀와서 어떡할 건데?"

"하고 싶은 사업이 생겼는데 빚을 내서라도 꼭 해 보고 싶어."

"그러다 망하면 어떡하려고?"

나 또한 그렇게 생각하며 살아왔더니 지난 10년 동안 매달 월급으로 연명하는 제자리걸음 인생이었다. 그사이에 비밀을 알고 있던 사람들은 비교적 젊은 나이에 하나의 분야에서 이미 큰 성공을 거두었다.

나는 이제야 비밀을 알게 되었지만 아직 늦지 않았다. 앞으로 긍정적인 마음을 가지고 좋아하는 일을 쫓으며 살아 보려 한다.

그리고 누군가 무모한 도전을 하게 된다면 곁에서 있는 힘껏 응원해 줘야지.

할아버지와 말티즈의
무언의 약속

동이 트지도 않은 이른 겨울 아침. 쌀쌀한 바람에 코트를 여미며 밖으로 나선다. 아파트에서 나와 딱 열 걸음만 더 걷다 보면 이제 할아버지와 말티즈가 등장할 거다.

역시, 오늘도 오전 6시 38분 단지 앞 놀이터에서 할아버지와 말티즈를 마주쳤다. 방한용 모자와 목도리로 무장한 할아버지 옆에는 앙증맞은 강아지용 패딩을 입고 폭신해 보이는 털 신발을 신은 말티즈 한 마리가 내 앞을 지나간다.

이 귀여운 커플은 하나의 끈에 서로를 의지한 채 나란히 걸어가는데 엉성하지만 나름 힘차게 걷는 정정한 걸음걸이마저 똑 닮았다.

나야 정해진 출근 시간에 맞추다 보면 분 단위로 정확하게 움직일 수밖에 없지만 자의적으로 매일 오전 6시 38분에 같은 장소에서 산책하고 있는 그들을 보면 참으로 기특(?)하다.

어느 날, 비가 추적추적 내리는 아침에 마주친 할아버지와 말티즈를 보고 귀여워서 웃음이 터져 버렸다. 우비를 입은 할아버지가 커다란 우산을 들고 걸어오시는데 그 밑에는 노란색 강아지용 우비를 입고 모자를 야무지게 쓴 말티즈가 서 있었다. 둘은 한껏 비장한 표정을 지으며 정정한 걸음걸이로 나란히 빗속을 걸었다.

할아버지와 말티즈에게 아침 산책이란 비가 오

나 눈이 오나 반드시 지켜 내야 하는 무언의 약속 같았다.

그런 그들을 보며 한결같은 것들에 대하여 다시금 생각해 보았다. 자신이 만들어 낸 약속을 한결같이 지켜 내는 힘의 원천은 무엇일까? 그건 아마도 삶에 대한 애정이 아닐까?

노견이 되어 푸석푸석해진 털들을 가지런히 잘 빗어 놓아 항상 단정하게 관리가 되어 있고 눈 주위를 감싸고 있는 하얀 털에는 희미한 눈물자국조차 찾아볼 수 없이 말끔하다. 날씨가 추운 날엔 따뜻한 강아지용 패딩에 폭신폭신한 털 신발을 신기고, 비가 오는 날엔 우비를 입히고 귀가 빠져나오지 않게 모자를 단단히 씌운 뒤 반질반질한 방수 신발을 신긴다.

이렇게 언제나 완벽하게 관리된 채로 매일 아침 할아버지를 따라나서는 말티즈를 보면 말티즈를 사랑하는 할아버지의 애정을 넘어서서 할아버지 본인의 삶에 대한 애정까지 엿볼 수 있다.

자신의 삶에 애정을 가지면 나를 둘러싼 주변을 아름답게 가꾸기 시작한다. 내가 머무르는 공간, 내가 매일 쓰는 물건, 내가 사랑하는 사람들, 내가 돌보는 반려동물. 이 모든 것들 또한 자신의 삶의 일부이니까 사랑을 담아 세심하게 보살피게 된다.

예전에 소개팅에서 마음에 드는 남자를 만났는데 그는 자신이 키우는 잉글리시 쉽독이 버거워져 좁은 베란다에서 키운다고 했다. 산책은 일주일에 한 번만 시킨다고 하는데 그 이야기를 듣고 단번에 그와의 애프터를 접었다. 그의 사람이 된다면 얼마 안 가 6일 내내 좁은 베란다에 갇혀 있는 가여운 잉글리시 쉽독과 같은 신세가 될 게 뻔했기 때문이다.

애정을 담아 자신의 삶을 가꾸는 건 마치 식당을 운영하는 것과 같다. 어떤 식당이든 단 하루만 지켜봐도 사장이 자신의 가게에 얼마만큼의 애정을 품고 있는지 알 수 있다.

오픈 시간에 맞추어 재료 준비를 해 놓기 위해 매

일 이른 아침에 출근하는 사장이 있고, 본인의 기상 시간에 따라 매번 오픈 시간이 달라지는 사장도 있다.

항상 신선한 재료를 공수하기 위해 매일 새벽마다 거래처에 들러 재료를 사 오는 사장이 있고, 번거로움을 이기지 못해 미리 얼려 둔 재료를 쓰는 사장도 있다.

이 두 가게의 차이점은 '한결같음을 유지하는가'이다. 자신의 가게에 깊은 애정을 가지고 있는 사장만이 자신과의 약속을 지켜 내며 한결같은 맛을 유지할 수 있다.

이렇듯 자신의 삶에 애정이 담긴다면 한결같이 꾸준해진다. 매일 아침 6시 38분에 놀이터에서 산책을 즐기는 말티즈를 흐뭇하게 내려다보는 할아버지처럼 말이다.

고장 난 수도 덕분에
진리를 깨닫다

그날은 무슨 일인지 등산을 싫어하는 내가 이른 아침부터 오름에 오르고 싶었다.

들뜬 마음으로 욕실에 들어가 샤워기를 틀었는데 물이 나오지 않았다. 호텔 프론트에 전화를 하니 수도에 이상이 생겨 사람을 불러 고치려면 시간이 꽤 걸릴 거라고 했다.

화가 났다. 오랜만에 마음이 들뜬 계획이었다. 나는 오늘 젖은 풀 냄새 가득한 오름 위에서 반드시 아침을 보내야 하는 사람이었다.

호텔 직원은 목욕비를 지불해 드릴 테니 근처에 있는 대중목욕탕을 이용하는 건 어떨지 조심스레 제안했고, 나는 대충 옷을 걸치고 프론트로 내려가 목욕비를 건네받았다.

예상보다 훨씬 더 허름하고 낡은 동네 목욕탕이 었다. 퍼렇게 녹슨 샤워기와 세면도구를 보고 있자 니 눈살이 찌푸려졌지만 이미 알몸인 나에겐 별다 른 방법이 없었다.

찝찝한 샤워를 마치고 나와 헤어드라이기를 찾 는데 동전 구멍이 달린 쇳덩어리에 낡은 드라이기 가 묶여 있었다.

'요즘 시대에 동전을 넣고 쓰는 드라이기가 있다 니…'

혹시 몰라 카드지갑을 이리저리 뒤적였지만 동 전은 있을 리가 없었고, 하는 수 없이 목욕탕 주인 아주머님께 동전 하나를 구걸했다. 아주머니의 짜증 섞인 표정과 함께 백 원짜리 동전 하나를 건네받아 쇳덩어리에 넣었는데 동전을 삼킨 드라이기는 5분도 채 안 돼서 꺼져 버렸다.

물기가 가시지 않은 부스스한 머리로 목욕탕을 나서며, 어서 호텔로 돌아가 드라이를 마저 하고 서둘러 오름에 갈 거라고 다짐했다.

그런데 살짝 흐렸던 하늘에 뜬금없는 굵은 빗방울이 떨어지기 시작했다. 한두 방울 투두둑 떨어지더니 갑자기 쏴아아아 하는 소리와 함께 순식간에 앞이 보이지 않는 무서운 소나기로 돌변했다. 당장 비를 피할 곳은 아무 데도 없었고 사정없이 쏟아져 내리는 소낙비에 눈도 제대로 뜨지 못한 채 그대로 다 맞을 수밖에 없었다. 간신히 처마를 찾은 나는 그곳에 서서 비가 그칠 때까지 기다렸는데 20분가량의 춥고 고된 시간이었다.

비에 젖은 생쥐 꼴로 호텔방으로 돌아와 샤워기를 틀어 보았더니 그사이 수도 점검이 모두 끝났는지 따뜻한 물이 펑펑 나왔고 시간은 이미 정오에 가까워져 있었다.

기가 막혀서 웃음이 나왔다. 8박 9일간의 긴 여행일정이라 오름은 내일도 모레도 언제든지 갈 수 있었다. 샤워기에 물이 나오지 않았을 때 나는 다시 침대 속으로 들어가 여유롭게 늦잠을 청하거나 따뜻한 커피 한 잔을 끓여 와 책을 읽으며 기다리면 됐는데 내 계획이 틀어지는 기분이 싫어 고집을 피우다 이렇게 생고생을 한 것이다.

살다 보면 나의 의지와 다르게 상황이 흘러가는 경우가 많다. 그럴 때마다 나는 상황을 바꿔 보려고 부단히 애를 써 왔고 그래도 바뀌지 않으면 극심한 스트레스를 받았다.

가끔은 아무리 열심히 노를 저어도 거세게 흐르는 물살에 내가 가고자 했던 반대 방향으로 배가 움직일 때가 있다. 그럴 땐 손에 쥔 노를 내려놓고 물살이 이끄는 대로 가만히 풍경을 감상하는 여유

도 있어야 한다는 걸 제주에서의 어느 날 문득 깨
달았다.

조금 손해 보고
우아하게 살기로 했다

우연히 임성한 작가의 드라마 〈오로라 공주〉의 한 장면을 보게 되었는데 여주인공이 고급 레스토랑에서 식사를 하다가 남긴 음식을 싸 달라고 직원에게 요구하지만, 레스토랑 방침상 테이크아웃이 불가하다는 이야기를 듣고 사장을 소환해서 클레임을 거는 장면이 나왔다.

"죄송합니다. 저희 가게는 밖으로 음식을 가지고 나갈 수 없습니다. 예전에 어떤 손님이 음식을 가지고 가셨다가 배탈이 났다고 보상을 요구하신 이후로는 안전상 테이크아웃을 금하게 되었습니다. 저희 가게 방침이니 이해해 주세요."

사장의 이야기에 여주인공은 당차게 대답한다.

"손님을 처음부터 블랙 컨슈머로 취급하는 거 아닌가요? 그리고 제 돈으로 산 음식인데 이 음식은 제 소유니 가게 밖으로 가지고 나갈 권리가 있는 거 아닌가요?"

더 이상 영상이 보기 싫어서 꺼 버렸다. 드라마일 뿐이지만 듣는 사람까지 피곤해지는 상황이다.

드라마의 여주인공은 예전 내 모습과 비슷했다. 나는 성격이 정확한 만큼 그르다고 생각되는 상황에서 꼭 할 말을 해야 하는 사람이었다.

요즘 서점에 가면 '현명하게 거절하는 법' '착한 아이 콤플렉스 극복하기' 같은 책들을 쉽게 찾아볼 수 있는데 그렇게 착한 사람들을 위한 책들이 가득 쌓인 곳에서 열심히 뒤적이다 《욱하는 성질 죽이기》라는 책을 골라 와서 읽던 나였다. 가벼운 에세이인 줄 알았는데 분노조절장애 정신질환을 다룬 책이어서 도로 가져다 놓았다. 결국 그 넓은 서점에서 나를 위한 책을 찾지 못했는데 나중에 내가 직접 출간해야겠다. '손해의 미덕' '조금 더 부드러워지기' '클레임 참는 방법' 같은 책이 필요한 나 같은 사람도 존재하니까.

20대 때는 회사만 가도 화나는 일들이 가득했다. 업무 메일을 보내도 며칠간 회신이 없어 전화하면 온갖 짜증을 부리는 총무팀 직원, 개인적인 친분을 기준으로 품의서를 승인해 주는 재정팀 직원, 매일 화장실 한켠에서 '겟 잇 뷰티'를 찍느라 종일 화장대를 점령하고 있는 메이크업 요정부터, 기분 묘하게 자꾸 위아래로 흘겨보는 옆 팀 여직원까지.

회사를 벗어나도 마찬가지였다. 상냥한 말투로 "감사합니다."라고 인사했더니 대꾸도 안 한 채 접시를 획 내던지듯 놓고 돌아서는 종업원과 목적지를 말하자마자 땅이 꺼져라 한숨부터 내쉬며 승차

거부하는 택시기사같이 일상 속에는 무례한 사람들 천지였다.

그럴 때마다 나는 항상 논리적으로 따져서 제대로 된 사과를 들어야 직성이 풀렸다. 정확하게 바로잡는 게 내가 손해 보지 않고 잘 사는 방법이라고 생각했으니까.

그러나 잘잘못을 따지는 과정들이 나에게 너무나 피곤하고 스트레스로 다가왔다.

반면 요즘은 내가 마지막으로 언제 화를 냈는지 가물할 정도로 평온한 일상을 보내고 있는데 곰곰이 생각해 보니 주변이 변한 게 아니라 내가 변한 거였다.

이렇게 변하게 된 결정적인 사건이 있었는데, 5년 전 일이었다.

당시에 만났던 애인은 여러 사업을 경영하느라 매우 바쁜 시즌이었는데 늦은 시간까지 야근을 하느라 나와의 데이트는 저녁, 커피, 술 모두 건너뛰고 자정이 가까운 시간이 돼서야 호텔에서 만났다.

그는 호텔에서까지 노트북과 서류를 바리바리 챙겨 와 자기 직전까지 일했고 이렇게 늦어지는 날은 어쩔 수 없이 룸서비스로 저녁을 때워야 했는데 그날은 너무 늦어서 룸서비스마저 주방이 마감됐다는 대답이 돌아왔다.

가진 거라곤 내가 사 온 와인 한 병뿐이었다. 하지만 다행히도 간단한 메뉴는 아직 주문이 가능하다는 직원의 이야기에 4만 원짜리 치즈 플레이트 하나를 주문했다.

얼마 뒤, 치즈가 도착하자 깜짝 놀랐다. 호텔 가격이라고 감안해도 4만 원이라는 가격에 비해 양이 너무나 적었을뿐더러 그마저도 치즈볼 과자로 절반이 채워져 있었다. 치즈를 시킨 건데 치즈 과자로 때운 걸 보니 순간 짜증이 치밀었다.

"아무래도 이건 주방 마감하고 남은 재료를 모아서 대충 보낸 것 같아 클레임을 걸어야겠어."

"그냥 먹자. 나 종일 일했잖아. 너무 피곤해서 그

럴 여력도 없어."

"이걸 그냥 먹자고? 아니 상식적으로 가격 대비 말이 안 되잖아."

"이 늦은 시간에 뭘 바래. 어차피 내가 내잖아. 그냥 조용히 넘어가자."

그는 나를 겨우 말려 놓고 잠시 편의점에 다녀온다며 나갈 채비를 했고 나가면서도 잊지 않고 한 번 더 소리쳐 말했다.

"전화하지 마! 그냥 넘어가자고 했다."

그가 나간 뒤 자꾸 테이블 위에 놓인 그 치즈 플레이트가 눈에 거슬려서 견딜 수가 없었다. 나는 결국 수화기를 들었고 호텔 레스토랑에 전화를 걸었다.

"네, 레스토랑입니다."

"아까 치즈 플레이트 룸서비스 시킨 사람인데요. 양도 너무 적고 과자로 절반이 채워져서 왔네요?"

"……"

"듣고 계신가요? 주신 대로 그냥 먹으려 했는데

아무리 봐도 납득이 안 가서 전화드렸어요."

"주방이 마감되었다고 이미 공지를 드렸었는데요."

"마감이 무슨 상관이에요? 주방이 마감되었어도 돈을 받고 정식으로 판매하신 거잖아요. 재료가 없으면 아예 팔지 않는 게 맞는 거죠."

"저희 지금 마감 다 했는데 필요하다고 하시니 특별히 만든 건데 그렇게 말씀하시면 안 되죠."

"지금 본인 마감이 중요해요? 메뉴가 너무 부실하다고 말씀드리는 건데 더 이상 말이 통하지 않네요. 내일 아침에 지배인님 찾아뵙고 말씀드릴게요. 더 이상 저와 통화 안 하셔도 됩니다."

언성을 높이는 직원의 목소리가 끝나기도 전에 수화기를 거칠게 내려놓았다. 치즈 플레이트를 봤을 때보다 기분이 열 배로 나빠졌다.

불행히도 사건은 거기서 끝나지 않았다. 몇 분뒤, 초인종 소리가 나서 애인이 돌아온 줄 알고 문을 열었더니 아까 통화했던 직원이 찾아온 거였다.

나는 기가 막혀서 할 말을 잃었는데 그는 자기가 나이도 어리고 욱하는 성질을 이기지 못해 큰 실수를 저질렀으니 한 번만 용서해 달라며 사과했다. 그러더니 가격에 비해 부실한 게 맞다면서 보상금으로 현금 5천 원(?)을 건넸다.

3분 전까지만 해도 나에게 언성 높여 따져 대던 그가 지배인 소리를 들으니 정신이 번쩍 들어 사죄의 5천 원을 가지고 한달음에 뛰어 올라온 것이다.

"제가 이걸 왜 받아야 하죠? 받고 싶지 않은데요?"

나는 그가 준 5천 원을 다시 건넸다. 그는 억지로 내 손에 쥐여 주며 한 번만 용서해 달라고 강제 사과를 시도했고, 나는 받지 않겠다고 밀어내며 한참 동안 복도에서 그와 5천 원을 가지고 실랑이를 벌였는데 그 순간은 돌이켜 생각해 봐도 정말 최악의 그림이었다.

기가 막힌 타이밍에 애인이 등장했다. 그는 놀라서 뛰어오더니 상황 파악이 되고 나서 정말 질린다는 듯한 표정으로 나와 직원을 번갈아 노려보고는 방으로 들어가 버렸다.

그렇게 전화하지 말라고 신신당부해 놓고 나갔는데 결국 일을 벌이고만 내가 진절머리 난다는 듯한 그의 표정이 찰나의 순간에 모두 드러났다. 돈 낸 사람이 그만하자 했는데도 정확함을 따져 대느라 그날 저녁을 모두 망쳐 버렸다.

내가 직원에게 주장한 내용은 정당했지만 그 주장의 결과들은 처참했다. 손해를 입지 않기 위해 했던 행동이 오히려 나에게 가장 큰 손해로 다가온 것이다.

직원이 돌아가고 난 뒤 기어이 내 손 위엔 구겨진 5천 원이 들려 있었는데 마치 내 자존심 같았다.

애인은 한숨을 쉬더니 이야기했다.

"그깟 몇만 원으로 네가 한 행동을 봐... 여유를 가지고 살자. 손해 좀 보면 어때. 그냥 넘겨 줄 때도 있는 거야, 살다 보면."

사실이었다. 나는 고작 4만 원 가지고 정말 추한

그림을 만들어 냈다. 몇만 원에 나의 품위를 모두 포기한 것이다.

그날 이후로 나는 손해의 미덕을 깨닫게 되었다. 손해의 미덕을 깨닫고 난 후 부정적이고 무례한 것들에 나의 시선이 머물지 않도록 컨트롤했는데 그로 인해 원래 엮였어야 했던 크고 작은 다툼들을 못 보고 지나칠 수 있었고 덕분에 나는 대부분 평온하고 즐거운 일상을 보낼 수 있었다.

이제는 나에게 어떠한 피해가 생겼을 때 빠르게 판단한다. 손해의 미덕을 베풀어야 하는 일인지 끝까지 싸워 내야 하는 일인지.

대부분은 손해의 미덕이 적용된다. 마음을 가라앉히고 이성적으로 판단해 보면 치열한 논쟁과 그에 따른 스트레스를 감수할 만큼 큰 피해가 아니기 때문이다.

길거리에서 양말 한 짝을 환불하네 마네 하며 멱살 잡고 싸우는 광경을 본 적이 있었는데 승자 패자

관계없이 너무나 초라하고 처참한 싸움이었다.

　나는 작은 손해 정도는 금방 잊어 내고 나의 행복에 집중하는 품위 있는 삶을 살기로 했다.

　무례한 호텔 직원이 나에게 큰 깨달음을 주다니 결국은 그마저 나의 귀인이 되었다.

3장 | 모든 정답은
내 안에 있었다

자신감 특효약
'난년 주문법'

"너는 진짜 난년이야."

권은 가끔씩 나를 보며 혼잣말처럼 중얼거렸다. 칭찬인지 욕인지 모를 묘한 말이었다.

그와 헤어진 후에도 나는 이 말을 자주 인용했는데 중대한 일을 앞두고 심적인 부담감이 몰려올 때 "나는 난년이야."라고 되뇌면 특효약처럼 마인드 컨트롤에 효과가 빨랐다.

"나는 할 수 있다." 이 말은 아직 하기 전인 상태

로 인지되지만 "나는 난년이다." 이 말은 이미 나는 난년이라서 당연히 해낼 수 있다는 기분이 들기 때문이다.

자극적이지만 효과가 빠른 이 말을 나는 '매운맛 격려'라고 정의했다.

면접이나 시험처럼 긴박하게 무언갈 꼭 해내야 할 때 매운맛 격려를 추천한다.

나는 매운맛 격려 효과로 많은 걸 해낼 수 있었다.

긍정적인 마음은 꾸준한
단련이 필요하다

"예쁘긴 한데 얼굴에 그늘이 있고 분위기가 너무 우울했대."

스물일곱, 가장 예쁠 나이에 화기애애했던 소개팅 이후 남자 측에서 애프터가 오지 않아 주선자에게 이유를 물었더니 돌아온 대답이었다.

내면 가득 새까맣게 차올라 얼굴까지 드리운 우울의 그림자를 나를 처음 보는 사람마저 단번에 알아챌 수 있었다니 정말 끔찍한 일이다.

나의 인생을 돌이켜 보면 그럴 수밖에 없는 삶이었다. 가슴 아픈 가정사, 너무 어린 나이부터 세상에 홀로 서 온 나날들, 아무리 기억해 내려고 머리를 굴려 봐도 누군가에게 오랜 기간 동안 꾸준하게 사랑을 받아 본 기억이 없다. 가끔은 이런 나 자신이 너무 가여워 셀프로 머리를 쓰다듬어 주는 버릇이 있을 정도였으니까.

　우울함이라는 감정은 오래 품고 있을수록 비슷한 부류의 감정들을 끌어당기는데 슬픔, 외로움, 무기력함, 자격지심, 그리고 또다시 우울함. 도돌이표처럼 돌고 도는 부정적인 감정은 에너지로 변환되어 안 좋은 일들까지 끌어당겼다. 건강하지 못한 연애를 하고, 직장에서 남들보다 유별나게 험한 일도 당하고, 인간관계도 휘청거렸다.

　그러나 현재는 전혀 딴사람이 되었다.

　"네가 너무 밝아서 이런 아픔이 있었는지 전혀 몰랐어."

　요즘 내 에세이를 읽는 지인들에게 가장 많이 듣

는 소리다. 생각해 보니 언제가 마지막으로 우울했었나 한참을 기억해 내야 할 정도로 희미하다. 분명 우울한 감정은 찾아왔었지만 잠시 스쳐 지나가는 소나비처럼 머문 기간이 워낙 짧아 기억에서 사라진 것이다.

어떻게 오랜 세월 동안 모아 놓았던 깊은 수심의 우울함을 모두 증발시킬 수 있었을까?

나는 긍정적으로 사는 방법을 알아내기 위해 한동안 서점으로 찾아가 긍정의 힘을 외치는 책들을 골라 읽었는데 그렇게 알아낸 비결은 꾸준한 트레이닝이었다. '긍정적인 마음도 운동처럼 꾸준하게 단련해야 습관이 될 수 있다'

책을 보며 가장 기억에 남았던 구절이 있다. 우리의 감정은 마치 고장 난 TV처럼 수시로 화면이 바뀌는데 부정적인 화면이 나오면 즉시 채널을 돌려야 한다는 내용이었다.

그동안 나의 고장 난 TV에서는 끊임없이 부정적인 화면들이 송출되었지만 리모컨의 작동법을 몰랐던 나는 꼼짝없이 랜덤으로 틀어 주는 화면만 들여다보며 괴로워했다.

하지만 지금은 꾸준한 트레이닝 덕분에 리모컨 작동법을 알아낼 수 있었고 마음에서 부정적인 화면이 나오면 자의적으로 채널을 돌려 긍정적인 화면으로 바꿀 수 있는 고급 기술이 생긴 것이다.

코어 운동을 꾸준히 하면 코어 근육이 척추와 골반을 바르게 잡아 주어 굽은 몸의 형태가 올곧게 서는 것처럼 마음도 꾸준하게 트레이닝을 해 줘야 긍정적인 마음을 오랫동안 유지하는 힘이 생기며 휘어 있던 내면도 올곧아진다.

내가 해 온 트레이닝은 여러 책의 팁들을 한데 모아 적용했는데 방법은 다음과 같다.

1. 매일 아침, 출근을 준비하는 시간 동안 감사한 일들을 떠올려 본다. (아주 사소한 것도 괜찮다)

   "이렇게 따뜻하고 깨끗한 물이 나오는 집에서 매일 샤워할 수 있어서 감사합니다."

"아침부터 나를 찾아 주는 직장이 있어서 감사합니다."

"오늘도 멀쩡한 두 다리로 건강하게 출근할 수 있어서 감사합니다."

나는 매일 한 시간 동안 아무리 작은 일이라도 감사한 일들을 떠올렸고 이 하루 한 시간의 트레이닝들이 모여 나의 생각을 점점 지배하면서 내 인생을 더 이상 우울하지 않게 해 주었다.

생각해 볼수록 우울한 일보다 감사한 일이 훨씬 많았으니까.

2. 사소한 행복을 일상 속에 틈틈이 넣어 준다.

인생의 대부분은 아무 이벤트 없는 평범한 하루로 이뤄져 있다. 이런 일상 속에서도 틈틈이 사소한 행복을 넣어 줘야 풍요로운 하루를 만들 수 있고 그 하루들이 모여 행복한 인생을 만든다. 소박하지만 확실한 행복을 주는 나만의 리스트를 만들어 보자.

<나의 소확행 리스트>

① 내가 좋아하는 향의 바디로션을 쟁여 놓고 샤워 후에 발라 준다. (냄새만 맡아도 정말 힐링된다)

② 극강의 맛집 리스트를 만들어 놓고 주기적으로 찾아간다. (맛집 리스트는 진심으로 만들어야 한다)

③ 인적이 드문 시간에 영화관을 찾아가 전세 낸 기분으로 관람한다. (사람이 없을 땐 가끔 햄버거도 먹는다)

④ 진짜 짜증 나는 날이면 마라탕을 먹으면 해결된다. (4단계 필수)

일상의 소확행 리스트를 실천할 때마다 기쁨을 최대한 확대해서 느껴야 한다. 우울함과 부정적인 감정은 축소하고, 행복은 작고 사소하더라도 최대한 확대하는 연습을 한다.

3. 말의 파동 에너지를 항상 의식하고 컨트롤한다.

우리가 내뱉는 문장과 단어들 속에는 파동 에너지라는 게 있는데 이 에너지는 우리의 기분을 좌지

우지할 뿐만 아니라 뒤이어 불러일으키는 사건까지 영향을 끼친다. 말이 씨가 된다는 속담처럼 말이다.

개인적인 취향이지만 나는 우울한 감정을 풀어낸 글들은 잘 읽지 않는다. 내 글을 쓸 때도 우울한 부분을 써야 한다면 혹시라도 읽는 사람들에게 안 좋은 에너지를 주는 게 아닌지 걱정할 만큼 언어가 뿜어내는 에너지를 항상 의식하고 신경 쓴다.

앞서 소개했던 방법들 중에서 이 방법이 가장 난이도가 높다. 우리는 무의식중에 수많은 말들을 내뱉고 살기 때문에 단어 하나하나 일일이 컨트롤하는 건 여간 힘든 일이 아니다.

그럴 때는 "감사합니다."라는 문장을 습관처럼 자주 이야기하면 컨트롤하기가 훨씬 수월하다. "감사합니다."만큼 기분을 좋아지게 만드는 강력한 힘을 가진 문장은 없기 때문이다. 감사한 마음을 가지면 자연스럽게 생각의 회로도 긍정적으로 변하게 되고 입 밖으로 내뱉는 말들도 긍정문이 되어 좋은 파동 에너지를 불러일으킨다.

이 세 가지 트레이닝은 귀찮더라도 반드시 해야 한다. 귀찮음 대비 너무나 많은 혜택을 얻을 수 있기 때문이다.

내 감정을 자의대로 컨트롤할 수 있는 힘이 생긴다는 건 엄청난 일이다. 아름답고 행복한 영상만 보고 살기에도 짧은 인생인데 그동안 리모컨 사용 방법을 몰라서 쓸데없이 우울하고 괴로운 삶을 살았다.

사람은 마음가짐에 따라 천국에서 살 수도 있고 지옥에서 살 수도 있다. 겉으로 크게 문제없는 인생을 사는 사람도 마음의 힘을 잃으면 끝없는 지옥의 나락으로 추락한다.

나는 이 세 가지 트레이닝을 꾸준히 해 두어서 지금은 처음처럼 온 의식을 집중하지 않아도 리모컨 조종이 반자동으로 가능해졌다.

그리고 신기한 건 마음가짐에 따라 사람의 관상

은 진짜로 변한다. 요즘은 무표정으로 있어도 입꼬리가 예전보다 훨씬 올라가 있어서 거울을 볼 때마다 너무 신기하다. 나를 처음 본 사람마저 알아챌 정도로 그늘졌던 얼굴이 몰라보게 밝고 환해졌다.

글을 신나게 쓰다 보니 벌써 저녁 먹을 시간이 되었다. 오늘은 나만의 맛집 리스트 중 하나인 사바동(고등어 덮밥) 맛집에 가서 저녁을 먹을 거다.

오늘도 잊지 않고 행복해지는 주문을 외워야지.

"저녁식사로 맛있는 고등어 덮밥을 먹을 수 있게 해 주셔서 감사합니다."

"별 탈 없이 잘 살아 낸 오늘 하루도 감사합니다."

"지금 이 글을 읽고 계신 분들에게 감사합니다."

뜻대로 안 되는 건
당연한 거야

"여기로... 올라가야 한다고? 실화야?"

경사가 표기되지 않은 지도상에서는 역에서 5분 거리 부동산이었는데 실제로 마주한 그 5분(?) 거리는 끝없이 이어지는 가파르고 험난한 언덕을 올라야 했다.

"와... 이건 빡세게 등산하는 수준인데 대체 여기서 어떻게 산담?"

말을 내뱉기 무섭게 동네 주민분들이 나를 제치고

산양 떼처럼 가파른 언덕을 휙휙 잘도 올라가신다.

거친 숨을 몰아쉬며 부동산 문을 열고 들어섰더니 중개사 아주머님께서 반겨 주셨다.

"아까 전화 주신 아가씨? 잘 찾아오셨네요."

"네, 지도 보고 왔어요. 근데 여기는 경사가 엄청나네요? 올라오는 길이 너무 힘들었어요."

"무슨 소리예요? 여기는 겨우 초입이에요. 위로 한참 더 올라가셔야 하는데."

"예??"

"우선 따라오세요."

엄청난 경사의 언덕을 한참 동안 올라왔는데도 이제 겨우 초입이었다니... 젊은 사람 무색해지게 아주머니는 가파른 언덕을 숭숭 잘도 올라가셨다.

"여기 살면 체력이 늘 수밖에 없겠네요."

"그럼요. 이게 바로 웰빙라이프죠! 살다 보면 금방 익숙해져요. 저도 이 동네 살거든요."

숨 고를 틈도 없이 아주머니 뒤꽁무니를 따라 한참을 더 올라갔더니 다 무너져 가는 낡은 빌라 단지가 나타났다. 5m 간격으로 빽빽하게 들어찬 빌라들 틈 사이로 올려다본 좁은 하늘마저 흉물스러운 전깃줄이 잔뜩 얽힌 채로 아무렇게나 걸려 있었는데 예전에 마카오 여행을 갔을 때 보았던 빈민촌과 너무도 닮은 풍경이었다.

"다 왔어요. 여긴 전세 1억 6천짜리 집이에요."

"음, 이... 이국적이네요..." (마카오 빈민촌이 떠오르네요)

멍하니 둘러보다 나도 모르게 내뱉은 이국적이라는 말에 아주머니는 고개를 갸우뚱하시면서 계단을 올랐다.

"계단에 불이 안 들어오네요? 아직 수리가 안 되었나 보네~ 하하."

아주머니는 민망하신지 억지웃음을 지으며 말씀하셨다.

지도에서 보았던 역에서 10분 거리 집은 10분 내내 어마어마한 경사의 언덕을 등산해야 했고, 매물 사진으로 보았던 화이트 톤의 넓은 투룸은 다 무너져 가는 빌라에 불조차 들어오지 않는 암흑의 계단을 지나 공중화장실 문으로 착각할 정도인 초록색 페인트칠이 흉물스럽게 벗겨진 좁은 쇠문을 열어야 사진 속에서 보았던 내부만 리모델링해 놓은 화이트 톤의 투룸이 나타났다.

"연... 연락드릴게요."

영혼이 1g도 담기지 않은 말투로 중개사 아주머님께 인사를 드리고는 하산하고 있는데 산 아래 맞은편에 아파트가 보인다.

"그래! 저 정도는 되어야 살 만한 집이지."

네이버에 아파트 이름을 검색해 보니 '전세 시세 7억'이라고 뜬다.

"미친..."

조용히 한마디 내뱉고 집으로 돌아왔다.

올해 이직하면서 집과 회사가 너무 멀어져 도저히 이사를 안 갈 수가 없었는데 아무 연고도 없는 곳에 집을 구하려 하니 동네 분위기나 치안을 살피려면 직접 가서 둘러보며 발품을 파는 방법밖에 없었다.

마카오 집의 경험을 토대로 내가 찾아야 할 집의 조건을 추려 봤다.

1. 평수가 좁아도 신축이어야 한다.
2. 치안이 좋고 깔끔한 동네여야 한다.
3. 관리비를 많이 내더라도 건물 관리가 잘되어 있어야 한다. (이중 현관, CCTV 설치)
4. 역세권이며 평지에 있는 집이어야 한다.
5. 채광이 좋아야 한다.

내가 가진 예산으로 이 다섯 가지 여건이 부합될 수 있는 곳은 빌라나 주택보다 오피스텔이 더 적합했다. 부동산 앱을 다시 뒤적여 보는데 ○○역이 딱이었다.

○○역은 근처가 온통 오피스텔로 가득했고, 주변에 백화점과 영화관이 들어서 있어 도보로 모두

이용이 가능했다. 가격 또한 역세권 신축 오피스텔을 1억 중반대로 해결할 수 있다니... 진즉에 이곳으로 알아볼걸!

신나는 마음에 ○○역에 있는 여러 부동산에 전화를 돌려서 약속을 잡아 놓고 콧노래를 흥얼거리고 있는데 친한 동생한테 전화가 왔다.

"여보세요?"

"언니 뭐 해?"

"나 내일 집 보러 가려고. 부동산에 전화 돌리고 있었어."

"오! 어디로 알아보는데?"

"○○역 근처 오피스텔. 가격 대비 좋은 데가 많더라고?"

"헐! 언니 거기 내 전남친 오피스텔 성매매했다가 걸려서 헤어진 데잖아... 그 동네 오피스텔 성매매하는 곳 진짜 많고 앞에 죄다 룸살롱에 술집이야. 거기는 주거 단지가 아니라 윤락가야."

"어...?"

"이 언니 큰일 날 뻔했네! 멋모르고 거기 들어가서 살았어 봐. 성매매하러 온 손님이랑 같이 엘리베이터 타고, 옆집에서 성매매하고 있고, 옆집 손님들이 주소 잘못 찾아와서 언니 집 초인종 누른다고 생각해 봐! 이쪽에 연고가 없으니까 전혀 모르는구만? 앞으로 나한테 먼저 물어보고 알아봐."

동생의 이야기를 들으니 온몸에 소름이 끼쳤다. 어쩐지 싸더라... 그래 적은 돈으로 마음에 드는 집을 구하는 게 그렇게 쉬울 리 없지.

전화를 끊고 다시 부동산에 전화를 돌려서 잡아놓았던 약속을 모두 취소했다.

당시 전세 대란이어서 적은 예산으로 원하는 여건을 모두 충족시키는 집을 찾는 건 정말 힘든 일이었다.

사무실에서, 지하철에서, 글을 쓰던 도중에도 나는 수시로 부동산 앱에 들어가 새로 나온 매물이 있는지 확인했다. 하지만 마음에 드는 집이 간혹 나와 연락을 해 보면 방금 나갔다고 하든가, 중개사의 착오로 가격이 달랐다든가, 집주인의 변심으로 갑갑자기 계약이 무산되기도 했다. 그렇게 몇 달간의 무수한 헛걸음 속에서도 이 한 몸 뉘일 집 하나 나타나지 않고 있었다.

여러 번의 기회를 놓치다 보니 독기가 바짝 오를 대로 올라 하루 종일 부동산 앱만 들여다보며 검색하고 또 검색해서 드디어 내가 원하는 모든 조건에 부합하는 오피스텔 한 곳을 기적같이 찾아냈다. 지금 계약이 가능하다는 중개사님의 대답을 듣자마자 일하던 것도 다 때려치우고 회사에 오후 반차를 통보한 후 부동산으로 향했다.

가자마자 거두절미하고 집부터 보았는데, 이 시세에 나온 게 의아할 정도로 완벽한 집이었다.

1. 역세권 1분 컷, 회사에서 15분 거리

2. 완벽한 주거 목적의 동네

3. 치안 좋음

4. 신축 오피스텔 (관리 상태 최상)

5. 원룸이지만 혼자 살기 충분한 평수

6. 채광 좋음

'이 집을 주시겠다고 그동안 눈 빠지게 눈품 팔고 무릎 빠지게 발품 팔아 이렇게 생고생을 시키셨구나! 역시 노력하면 안 되는 게 없어! 하늘이 다 알아주잖아?'

나는 감격에 겨워 하늘을 우러러 감사의 기도를 올렸다.

"지금 계약할게요!"

그렇게 중개사 아주머니와 함께 부동산 사무실로 곧장 돌아와 계약서를 쓰기 위해 테이블에 앉으려는 순간!

'딸랑'

경쾌한 종소리가 들려 돌아보니 한 모녀가 사무실로 들어왔다.

"어머 오셨네요? 이를 어쩌지...?"

중개사 아주머니는 난감한 표정을 지으며 말했다.

"왜요?"

"저분들 아가씨가 계약하려는 집, 오늘 아침에 보고 가신 분들인데 다시 오셨네."

"그게 무슨 말씀이세요? 지금 계약서 쓰려던 참인데 제가 계약하는 게 맞지 않나요?"

"저분들이 집을 먼저 보셔서... 이해 좀 해 줘요."

"집을 먼저 보는 게 무슨 상관이에요? 먼저 계약한다고 말한 사람이 계약하는 거 아닌가요?"

"너무 미안해요. 저분들이랑 해야 될 것 같아. 아가씨는 대출을 끼고 하니 시간이 걸리지만 저분들은 대출 한 푼도 안 끼고 하셔서..."

"그게 말이 되나요? 지금 막 계약서 쓰려던 참이었잖아요!"

"미안해 아가씨... 다른 물건 있을 때 말해 줄게."

"아니요, 제가 분명히 먼저 계약한다고 말했어요. 인정할 수 없어요."

"아가씨 미안해. 어쩔 수가 없어 나도."

사무실은 한참 동안 정적이 흘렀다. 나는 이 상황이 기가 막혀서 넋 놓고 서 있었고, 그저 먼저 보았던 집을 계약하러 들어온 모녀는 죄인이 되어 고개를 떨군 채 바닥만 들여다보며 앉아 있었고, 중개사 아주머니는 안절부절못한 채 내 눈치를 살피고만 있었다.

중개사가 귀찮게 대출 끼고 하는 나와 계약하기 싫다는데 항의해 봤자 별수 없어서 결국 힘없는 발걸음으로 사무실을 나왔다.

부동산 가는 길에 지하철을 간발의 차이로 놓치지 않았더라면, 중간에 화장실을 들르지 않았더라면, 집을 꼼꼼히 볼 시간에 부동산 사무실에 5분만 빨리 도착했다면...

계약서를 꺼내 책상에 앉으려던 순간 들어온 모녀. 그 간발의 타이밍이 너무나 억울하고 기가 막혀서 눈물이 쏟아졌다. 차라리 그 집을 보여 주지나

말든가, 아니면 그 모녀가 더 일찍 와서 내가 납득할 만한 상황이었다든가, 이건 단순히 운이 안 좋은 걸 떠나서 신의 장난질에 제대로 농락당하는 기분이었다.

'나는 최선을 다해 노력했는데 왜 이런 일들이 생기는 거지?'

가슴 뜨겁게 끓어오르는 분노의 감정이 주체가 안 돼 집으로 돌아갈 기분도 아니었고 마침 눈앞에 보이는 작은 하천으로 내려가 벤치에 앉아 멍하니 물속을 들여다보고 있었다. 팩소주를 하나 까야 하나 고민하던 무렵, 문득 예전에 들었던 법륜스님의 말씀이 떠올랐다.

"우리가 원하는 것이 다 이루어지는 게 정상이에요? 다 안 이루어지는 게 정상이에요? 다 안 이루어지는 게 정상이지요. 근데 우리는 원하는 게 다 이루어질 수 있다고 착각을 하고 있어요. 뜻대로 안 되기 때문에 괴로운 게 아니에요. 세상이 내 뜻대로 돼야 한다고 잘못 생각하기 때문에 괴로운 거예요"

"이 세상일이라는 거는 사람이 원하는 대로 다 이루어질 수 없어요. 그게 사실이에요. 안 되는 건 당연한 일이에요. 괴로워할 일이 아니에요. 안 되면 '어, 안 됐구나' 이러면 돼요. 그래도 하고 싶으면 어떻게 하면 된다? 한 번 더 하면 돼요. 그런데 두 번 할 힘이 없으면 어떻게 하면 된다? 그만두면 돼요. 그래도 미련이 남으면 어떻게 하면 된다? 한 번 더 하면 돼요. 두 번 해도 안 되면 어떻게 하면 된다? 그만두면 돼요. 그래도 미련이 남으면? 한 번 더 해 보면 되는 거예요. 괴로워하지 말고!"

　법륜스님의 말씀을 떠올려 보니 세상 모든 일들은 내가 간절하게 기도하고 노력하면 모두 이루어질 수 있다고 잠시 착각하고 있었다.

　"그래, 세상이 어떻게 내가 원하는 대로만 돌아가겠어. 지금은 아주 진절머리가 나서 잠시 그만두지만 다시 미련이 생기는 날 한 번 더 해 보겠어!"

팩소주 없이도 집으로 돌아갈 힘이 생겼다. 벤치에서 벌떡 일어나 돌아가는 길에 나지막하게 되뇌었다.

"안 되는 건 정상이야, 잘못된 게 아니야. 기운 날 때 또 해 보자 괴로워하지 말고!"

'진짜 인연'과
'가짜 인연'

"아가씨, 집주인이 전세금 낮출 생각은 없다고 하네요... 미안해요 다른 집을 찾아보셔야..."

전세금 조정이 가능할 것 같다는 중개사의 이야기를 믿고 이틀을 꼬박 기다려 받은 답변이었다.

"예... 어쩔 수 없지요... 고생하셨어요. 감사합니다."

통화 종료 버튼을 누르자마자 땅이 꺼져라 한숨을 내쉬었다.

"진짜 못 해 먹겠네. 이사 안 가고 말지."

4개월 내내 최선을 다해 발버둥 쳤지만 결국 주어진 예산 안에서 마음에 드는 집을 구하지 못했다. 셀 수 없는 실패로 더 이상 남아 있는 에너지도 없고 진절머리가 나서 다 때려치우고 싶다.

씩씩거리며 부동산 앱을 다시 열어 본다. 대부분 이미 알던 집들이다. 하도 들여다봤더니 이 집은 2개월 전에 떠 있던 거고, 이 집은 일주일 전에 떠 있던 거고, 줄줄이 외워서 내가 중개사 해도 될 것 같다.

홧김에 조건에도 맞지 않는 새로운 매물 두세 군데에 무작위로 문의 메시지를 보내 버렸다. 그로부터 10분 뒤, 모르는 번호로 전화가 왔다.

"여보세요?"

"안녕하세요. 방금 앱으로 문의 주셨던 ○○부동산입니다. 문의 주신 데 말고 새로운 매물이 지금 하나 떴는데 금액이 얼추 맞네요. ○○역 오피스텔이고 투룸에 옵션 좋고 수납공간도 많아요 두 시간 뒤에 다른 분들이 보러 온다고 하시는데 그전에 오실 수 있어요?"

"제가 계약할게요! 가계약금 얼마예요? 계좌번호 주세요."

"예...? 집도 안 보시고 계약한다고요?"

"네, 그냥 할게요. 어차피 두 시간 안에 못 가거든요."

"예??? 진짜 하실 거예요?"

"얼마 넣으면 돼요?"

"아... 좀 당황스럽네요... 500만 원 우선 넣어 주세요."

그렇게 나는 집을 보지도 않고 가계약금을 걸었고 며칠 뒤 계약서를 쓰러 가서야 집을 처음으로 보았는데 참으로 신기한 일이었다. 지난날 만사를 제치고 달려갔을 때도 구할 수 없었던 내가 원한 모든 조건에 부합하는 집이었기 때문이다. 심지어 진즉에 포기했던 투룸 조건까지 플러스됐다.

그동안 집을 구하는 일에 필사적으로 매달렸지만 상황이 따라 주지 않아 무수히 많은 기회들을 놓쳐 왔다. 갑자기 집주인의 변심으로 계약이 무산된다든가, 중개인 착오로 전세금이 더 낮게 책정돼서 계약하지 못했다든가, 계약서를 쓰기 직전에 다른 세입자에게 집을 빼앗긴다든가, 그 외 금액은 맞아도 다른 부분이 내 마음에 들지 않아 인연이 되지 못한 수많은 집들까지...

그렇게 4개월 내내 머리를 쥐어뜯을 정도로 나를 괴롭게 했던 집 구하기 미션이 문의한 지 단 10분 만에 전화 한 통으로 허무하게 이루어진 것이다.

자포자기로 집도 안 보고 가계약금을 걸어 버렸지만 막상 와서 보니 내가 원했던 모든 조건이 완벽하게 갖춰진 집이었고 내 예산을 초과하는 전세금이었는데 있는 적금을 모두 탈탈 털어 합해 봤더니 소름 돋게 딱 맞아떨어진다. 게다가 집주인이 3주 내로 이사 날짜를 꼭 맞춰 달라고 하는데 그마저도 나의 여건에 부합했다.

마치 유리구두에 신데렐라 발이 꼭 들어맞는 것처럼 절묘하게 모든 상황들이 딱 맞아떨어졌다. 이 집이 나의 진짜 인연이었다.

"진짜 인연은 걸리는 게 없이 술술 풀려. 혹여나 장애물이 생긴다고 해도 금방 극복하게 되어 있어."

문득 얼마 전에 자신과 딱 맞는 반려자를 찾아내 결혼에 골인한 친구가 했던 말이 떠올랐다.

비록 딱 맞는 반려자는 아직 못 찾았지만 나에게도 그간의 무수한 실패들이 허무할 정도로 술술 풀리는 진짜 인연은 분명 있었다.

몇 년 전 나는 한 외국계 회사로 이직하기 위해서 부단히도 애를 썼다. 그 집념은 대단해서 그 회사의 로고를 오려 침대 옆에 붙여 놓고 매일같이 붙게 해 달라고 두 손 모아 기도했다.

그러나 나의 간절함을 비웃기라도 하듯 세 번의 서류 지원은 모두 무참히 떨어졌고 네 번째 서류를 넣었을 때 지원수 초과라는 자동오류 문구로 더 이상 접수조차 되지 않았다.

그 회사 외에도 수많은 회사에 이력서를 넣었지만 몇백 대 일인 경쟁률은 너무나도 치열해서 면접장 문턱조차 밟아 보지 못하고 떨어지기 일쑤였다. 그렇게 1년이 지나고 모든 걸 포기하고 싶어졌을 때 모르는 번호로 걸려 온 전화를 받았다.

"여보세요?"

"안녕하세요? 등록해 놓은 이력서 보고 연락드립니다. ○○기업에서 티오가 하나 생겼는데 적합한 인재라 생각해서 연락드려요."

앞으로 서류에 붙지 못하면 면접장을 알아내 쳐들어가서 한 번만 면접 보게 해 달라고 빌어 볼까? 이런 말도 안 되는 생각을 진지하게 궁리하던 중에 지원도 하지 않은 곳에서 친히 면접장까지 모시겠다는 전화가 걸려 온 것이다.

그렇게 나는 최종 면접까지 수월하게 통과하며 입사하게 되었고 그토록 바랐던 외국계 기업보다 더 좋은 워라밸을 가진 국내 기업으로 입사하게 되었다. 이 회사 또한 나의 진짜 인연이었던 것이다.

'조금만 더 빨리 알았더라면'

'조금만 더 열심히 해 봤더라면'

'조금만 더 참았더라면'

'그때 그 주식을 샀더라면'

'그때 그 사람 말을 들었더라면'

그동안 나는 간발의 차이로 놓쳐 버린 수많은 기회들을 떠올리며 가슴을 치고 고통스러워했다.

그러나 간발의 차이라도 약간의 오차가 생긴다면 최종적으로 인연이 되지 못한다. 결국 그 기회는 애초부터 나와의 인연이 아니었던 거다. 내 자리가 아니었고, 내 사람이 아니었고, 내 돈이 아니었던 거다.

하지만 반대로 그 어려운 확률과 변수들을 모두 초월하고 같은 시간, 같은 공간, 같은 조건이 모두 맞아떨어지며 복잡한 내 인생의 퍼즐에 정확히 끼워 맞춰지는 기적 같은 기회들도 있다.

이 기회들이 내가 말하는 진짜 인연이다. 진짜 인연은 언제 불쑥 찾아올지 아무도 모른다. 단지 수없이 반복되는 실패와 절망을 견뎌 내며 꾸준하게 노력을 유지해야 찾아오는데 마치 절대로 풀리지 않을 것 같이 꽁꽁 엉켜 있는 실타래를 풀고 또 풀다 지치면 잠시 쉬고, 다시 힘을 내서 또 풀다 보면 언젠간 실타래의 끄트머리 부분이 내 엄지와 검지 사이로 쏙 들어오는 순간이 찾아오고 그 끝을 쭈욱 잡아당기면 그간의 고생들이 무색해질 정도로 한순간에 실타래가 술술술 풀려 버리는 것처럼 말이다.

끝까지 포기하지 않는다면 언젠가는 반드시 내 발에 꼭 맞는 유리구두와 같은 진짜 인연이 찾아온다.

만약 내게 주어진 예산에 통상적으로 맞는 집을 찾았으면 이미 이사한 지 몇 개월이 지났을 거다. 하지만 나는 욕심쟁이고 그 욕심은 나를 꾸준하게 괴롭혔지만, 나는 언제나 내 눈을 사로잡는 예쁜 유리구두를 원했다. 신는 순간 짜릿한 전율이 느껴지는 내 맘에 쏙 드는 유리구두를…

그건 사람도, 직업도, 물건도, 세상 모든 만물과의 인연에 포함되는데. 사실 이렇게 사는 건 정말 피곤한 일이지만 내 취향에 딱 맞는 유리구두에 발을 넣는 그 짜릿한 순간을 잊지 못해 나는 또 부단히 애를 쓸 게 뻔하다. 그 특별한 순간의 강력한 훅이 종종 들어와 줘야 인생이 재밌으니까.

희망을 놓지 않고 노력한 끝에 진짜 인연을 만나는 기적을 여러 번 경험하다 보니 포기하지 않는 마음의 근력을 키울 수 있었고 아무리 노력해도 내 손에 잡히지 않고 나를 괴롭게 하는 인연들은 어긋남으로 위장한 가짜 인연이라는 걸 이번에 깨달았다.

앞으로 놓쳐 버린 가짜 인연에 대한 미련으로 가슴 아파할 시간에 이미 내 인생을 풍요롭게 만들어 주고 있는 진짜 인연이 된 모든 것들을 귀하게 여기고 감사하는 마음에 집중하기로 했다.

며칠 뒤, 둘러보기만 해도 뿌듯한 새집에서 나는 두 손 모아 감사의 기도를 올렸다.

"그간의 고생들이 헛되지 않게 해 주셔서 감사합니다. 저와 꼭 맞는 진짜 인연을 찾아 주셔서 감사하고 또 감사합니다."

1인 가구지만
요리합니다

정오가 가까워진 시각. 침대 속에서 게으름을 피우다 배고픔을 더 이상 미루지 못할 즈음 스믈스믈 부엌으로 나온다.

창문을 활짝 열고 잔잔한 음악을 틀어 놓고 습관처럼 커피를 내리고 빵을 굽는다. 루꼴라와 토마토를 차가운 물에 깨끗이 씻어 체에 밭쳐 두고 도마를 꺼내 야채를 송송 썰고 6분간 삶은 파스타면을 넣은 뒤 현란한 손목 스냅으로 프라이팬을 휘리릭

튕겨 주면 어느새 파스타가 완성된다.

파스타를 젓가락으로 돌돌 말아 접시에 예쁘게 담아낸 뒤 파르메산 치즈를 그라인더에 솔솔솔 갈아 주고 집에서 키우는 바질 잎을 따다 꽂아 주면 제법 그럴듯한 레스토랑 비주얼이 나온다.

"와... 이걸 내가 만들었다고? 진짜 끝내주는구만!"

토마토 홀과 신선한 채소로 만든 파스타는 확실히 시판용 소스와는 차원이 다른 고급스러운 맛을 낸다. 이렇게 맛있으니 어쩔 수 없지, 점심부터 와인을 꺼내 와 홀짝거린다. 요즘 주말을 보내는 나의 패턴이다.

식자재 물가가 OECD 국가 중 최상위권 안에 드는 한국에서 1인 가구에게 요리란 시간과 돈과 노동력을 더해 보면 최악의 가성비다. 입이 하나면 오히려 사 먹는 게 모든 면에서 효율적이다. 그런데도 굳이 내가 요리를 하는 이유는 '힐링'의 개념이라고 할 수 있겠다.

영화 〈리틀 포레스트〉에서 도시의 고단한 삶에
지칠 대로 지친 김태리가 어릴 적 살던 시골집으로
돌아와 직접 만들어 먹는 소소한 요리들로 마음을
치유하는 과정을 보며 누구보다 공감했던 기억이
난다. 나를 위해 정성스럽게 요리하고 그 요리를 즐
겁게 맛보는 과정은 정말로 영혼을 치유해 준다.

지난날, 한창 요리를 열심히 했던 시즌을 돌이켜
보면 정신적으로 많이 지쳐 있을 때였다.

우울한 에너지는 무겁다. 그 무거운 공기가 내 몸
을 사정없이 짓누르면 도통 몸을 일으키기가 힘들
어진다. 그렇게 침대 위에 납작하게 눌린 채로 손가
락만 까딱거리며 배달 앱을 들여다본다. 초인종이
울리면 현관 앞에 놓인 비닐봉지를 가져와 플라스
틱 통들을 꺼내고 그걸 또 플라스틱 칼로 뜯고 플
라스틱 포크로 음식을 먹으면서 부엌 한켠에 쌓여
있는 플라스틱들을 들여다보면 어김없이 인생에

대한 현타가 찾아온다.

그럴 땐 귀찮아도 요리를 해야 한다. 무거운 몸을 일으켜 장을 보러 나가는 길에 햇빛을 쐬며 산책하고, 재료를 손질해서 요리하고 접시에 예쁘게 담아내는 오로지 나만을 위한 수고로움은 잠시 지겨워졌던 삶에 다시 애정을 불어넣는다.

그렇게 요리는 어김없이 나를 다시 일으켜 준다.

7년 전, 울고 있던
나를 만나러 갔다

"사원님, 대충 짐 싸서 가셔도 돼요... 나머지는
제가 정리할게요."

책상에 있는 개인 물품들을 박스에 넣고 있는데
인사팀 차장님이 오셨다. 그 누구도 섣불리 내 자리
로 다가와 위로의 말 한마디조차 못 건네고 있는데
차장님은 혼자 짐을 싸고 있는 내가 안쓰러웠는지
보다 못해 자리로 오셔서 말을 걸어 주셨다.

"아니에요. 제 자리는 제가 정리해야지요. 인수인

계 파일들은 바탕 화면에 저장해 두었어요. 빠진 내용은 없을 거예요."

순간 눈물이 차올라 앞이 뿌예졌지만 아랫입술을 꽉 깨물어 참아 내고 가까스로 대답했다.

"굳이 출근 안 하셔도 되는데 마지막까지 참 성실하시네요. 휴... 나가야 할 인간들은 남고... 왜 사원님이..."

차장님은 말끝을 흐리시더니 황급히 자리로 돌아가셨다.

2014년 겨울, 나는 결국 사직서를 냈다. 같은 팀 대리에게 성추행을 당했지만 가해자에게 아무 조치가 취해지지 않는 미개한 조직에서 도저히 버틸 수 없었기 때문이다.

사건의 발단은 매주 금요일 팀장이 강제적으로 주최하는 팀 회식에서 일어났다. 회식이 끝나면 문제의 대리와 집이 같은 방향이라 귀갓길에 동행할 수밖에 없었는데 이상하게 그날따라 그가 우리 집까지 데려다주겠다고 고집을 부리기 시작했다.

내가 혼자 사는 걸 뻔히 알고 있었던 대리의 저의가 불순해 보여 그냥 가시라고 한참을 길에서 실랑이하던 도중 갑자기 그가 내 두 팔목을 잡아 포박한 후 강제로 입맞춤했고 나는 온 힘을 다해 그를 뿌리치고 도망쳐 겨우 귀가했다. 대리는 불과 얼마 전 아내가 출산해서 팀원들에게 축하를 받았던 새신랑이었다.

다음 날, 나는 회사에 출근하자마자 1층 로비로 대리를 불러내어 어제 사건에 대해 항의했다.

"미안해요. 사실 예전부터 사원님을 쭉 좋아했어요. 그날 술에 취해 저도 모르게 실수해 버렸네요."

새신랑의 입에서는 이상한 소리만 나왔다. 그와는 더 이상 상식적인 대화가 불가능하다고 판단되어 곧바로 올라가 팀장님에게 면담을 신청했다. 그러나 당연히 대리에게 징계를 내릴 거라 믿었던 팀장님의 입에서도 이상한 소리가 나왔다.

"손 사원, 기분 나쁜 건 알겠는데 최 대리 아이 생긴 지도 얼마 안 됐고 가장이잖아... 직장을 잃게 할 순 없어! 남자가 취하면 실수할 수도 있는 거야. 한 번만 참고 넘어가 줘, 응?"

최대한 이성적으로 이 일을 헤쳐 나가려 했는데 믿었던 팀장님마저 가해자 편을 들고 나서니 배신감에 온몸이 부들부들 떨리고 하염없이 눈물이 쏟아졌다.

이 상식 밖의 조치가 도저히 이해되지 않아 알아봤더니 팀장 산하에 이루어진 회식에서 이런 불미스러운 일이 일어나면 팀장이 모두 책임져야 했고 마침 인사고과 기간이 얼마 남지 않아 팀장의 승진 평가에 직결되는 일이라 내 입을 틀어막기 바빴던 것이다.

어리석은 팀장은 내가 감사팀에 이야기할까 봐 걱정이 되었는지 얼굴만 봐도 치가 떨리는 가해자와 나를 식사 자리에 함께 불러 화해시킨다는 최악의 솔루션을 제안했다. 나는 가해자에게 정당한 징

계조치를 취해야 한다고 재차 이야기했지만 팀장은 도리어 나에게 "좋게 좋게 넘어가지 기어이 일을 그렇게 크게 만들어야겠어?"라며 다그치기 바빴다.

그 와중에 같은 팀 남자 사원이 나에게 와서 귀띔을 해 주었다.

"와... 어쩐지 최 대리님이 그 사건 터진 다음 날 아침에 저한테 와서 그랬거든요. 형이 어제 재미있는 일을 만들었는데 이따가 이야기해 준다고요..."

내가 피눈물을 흘릴 동안 정작 가해자는 그 사건을 본인의 전유물처럼 여기저기 자랑스럽게 떠벌리고 다녔다.

오직 내 입을 틀어막기 위한 목적의 수많은 면담을 거칠 때마다 서러움이 북받쳐 엎드린 채 엉엉 울었지만 아무도 나의 고통에는 관심이 없었다. 그저 본인들의 안위와 승진이 중요할 뿐이었다.

상식이 통하지 않는 그들에게 더 이상의 대화는

무의미했다. 나는 결국 마지막 히든카드를 꺼내 들었다. 혹시 몰라 증거 대비용으로 녹음해 둔 면담 녹취록을 가지고 있었던 것이다.

내가 대리와 팀장의 녹취록을 가지고 있다는 걸 알리자 우리 본부 전체가 발칵 뒤집혔다. 그깟 입술 좀 내줬다고 징징대는 귀찮은 말단 여사원에서 하루아침에 언론 한번 타면 본부 전체를 날려 버릴 수도 있는 시한폭탄이 된 것이다. 누구나 아는 대기업이라 제보만 하면 언론에 오르는 건 시간문제였다.

만약 내가 언론에 제보를 했다면 어떻게 됐을까? 그럼 사이다같이 시원한 복수의 결말로 마무리 지을 수 있었을지도 모른다.

그러나 고작 스물일곱 살 어린 여사원은 더 이상 싸울 힘이 남아 있지 않았다. 거대한 조직을 상대로 철저하게 홀로 고립되어 맞서는 싸움이었기 때문이다.

나를 아끼던 사람들도 섣불리 나에게 다가와 위

로의 말조차 건네지 못했다. 내 자리에 와서 말 한 마디만 걸어도 모두가 고개를 빼꼼히 들어 무슨 이야기를 하는지 귀 기울였으니까. 그들은 그저 팀장의 눈을 피해 조용히 어깨를 다독여 주거나 사람들 눈에 띄지 않는 식당에 데려가 밥 한 끼 사 주며 내가 해 줄 수 있는 일이 없어 미안하다며 한숨을 내쉬었다. 실질적으로 나를 지켜 주는 건 오직 녹취록 파일 뿐이었다.

마치 아무 일도 없던 것처럼 히히덕거리며 사무실을 활보하던 가해자는 내가 팀장의 녹취록까지 가지고 있다는 사실을 알고 나서야 우리 동네까지 찾아와 가증스러운 악어의 눈물을 흘렸다. 어떻게든 막아 보라는 팀장 등쌀에 못 이겨 기어 온 게 틀림없었다.

나는 그와 말을 섞는 것조차 역겨워 대변인 역할을 해 줄 친구를 데리고 나갔다. 그는 우리 앞에서 무릎을 꿇고 나오지도 않는 눈물을 쥐어짜 내며 한참 동안 억지 눈물 쇼를 펼쳐 보았지만 먹히지 않자 친구에게 합의금을 제시하며 합의를 제안했고 친구는 나를 따로 밖으로 불러내더니 이야기했다.

"네가 아무리 피해자라도 여자기 때문에 저 새끼보다 더 가십거리가 될 거야. 소문이 어떻게 와전될지도 모르고... 그냥 합의하고 퇴사하자... 할 만큼 다 해 봤잖아. 너도 회사에 정떨어져서 다닐 수 있겠어?"

유부남인 성추행 가해자는 사건을 자랑스럽게 떠벌리고 다니는데 도리어 피해자가 수치스러워 퇴사를 해야 한다니 이해할 수 없는 이상한 세계가 지금의 현실이었다.

결국 취업 준비를 할 동안의 생활비를 계산해서 그와 합의한 후 퇴사하기로 했고 퇴사하는 마지막 날까지 다들 눈치를 보느라 멀찌감치서 어색하게 건네는 목례들을 뒤로한 채 홀로 쓸쓸히 떠났다.

해 질 녘, 붉은 노을이 내려앉은 마지막 퇴근길, 사옥 정문을 나서는데 같은 팀 남자 사원이 뛰어오더니 급하게 나를 붙잡았다.

"저... 퇴사 선물을 못 드려 가지고 이거라도... 그리고 지켜 주지 못해서 죄송해요. 제가 힘이 없어가지고... 흐윽..."

그는 회사 앞에서 급하게 사 온 스타벅스 텀블러를 건네며 이야기하다 말고 갑자기 눈물을 터트렸다.

출근하는 내내 마지막 날 만큼은 절대 울지 않겠다고 다짐하고 또 다짐했는데 갑작스러운 그의 눈물을 보니 애써 눌러 왔던 나의 눈물샘도 덩달아 터져 버렸다.

마지막 날 만큼은 제법 어른스럽게 떠나고 싶었는데... 결국 정문 앞에서 어린아이처럼 주저앉아 한참 동안 오열했다.

그로부터 7년이 지난 2021년 9월.

문득, 아무 목적 없이 그곳을 다시 찾아갔다. 내가 사랑했던 고즈넉한 종로 한옥마을의 기와지붕

들 사이로 우뚝 솟아 있는 익숙한 회사 사옥이 보인다. 세월이 무색하게도 한결같은 곳, 마치 과거로 다시 돌아온 것 같은 기분이 들어 심장이 아려 온다.

나는 사옥 앞에 우두커니 서서 정문을 한참 동안 바라보았다. 7년 전 이곳에서 주저앉아 오열했던 내 모습이 희미하게 보이는 것 같다.

양자물리학 이론에서는 우리가 과거라고 생각하는 지나온 시간도 다른 시공간에서는 현재의 시점으로 흘러가고 있다던데 그 이론대로라면 또 다른 시공간 속의 나는 지금 이곳에 주저앉아 울고 있을 것이다.

가엾은 그녀를 찾아가 꼭 안아 주고 싶지만 우리는 다른 시간 속에 살고 있어서 만날 수 없다. 만약 시공간을 모두 초월하여 울고 있는 7년 전의 나를 만날 수 있다면 이런 대화를 하지 않았을까?

"많이 힘들었지? 이제 그만 울고 일어나."

"누구세요?"

"나는 7년 뒤의 너야 2021년 미래에서 너를 찾아 왔어."

"네? 그게 무슨 소리예요?"

"믿기진 않겠지만 들어 봐. 지금은 하늘이 무너지는 것처럼 고통스럽겠지만... 너는 고작 3주 만에 모든 면에서 여기보다 훨씬 좋은 회사에 취업할 거고 그곳에서 좋은 사람들과 인연이 닿아 함께 일하게 될 거야. 그러니까 너무 슬퍼하지 마."

"그게 정말이에요...?"

"정말이지! 너에겐 미래라 해도, 나에겐 이미 일어난 과거니까."

"그럼 저의 미래를 알려 주시려고 여기까지 찾아오신 거예요?"

"아니, 단지 널 위로해 주려고 왔어. 네가 사랑했던 이 예쁜 한옥마을이 오늘 이후로 너에게 평생 가슴 아픈 장소가 되어 버리거든... 그러니 아픈 기억을 지우는 마지막 산책을 나와 함께하지 않을래?"

그녀는 눈물을 손등으로 쓱쓱 훔치고는 이내 힘
차게 고개를 끄덕이며 내 손을 잡고 일어났다.

단기간 현명해지는
트레이닝

"이를 어쩌죠? 어머니 영문 성함이 여권과 달라서 티켓팅을 할 수가 없네요..."

"네? 그럴 리가 없는데?"

7년 전 인천공항, 항공사 직원에게 청천벽력 같은 소리를 들은 20대의 나는 화가 머리끝까지 치솟았다. 동생이 항공권을 예매할 때 엄마의 영문 이름을 잘못 기재한 거다.

며칠 전 노트북 앞에서 한참 예매하고 있길래 영

문 이름 철자는 절대로 틀려선 안 된다고 신신당부를 했었는데 그걸 기어이 틀렸다니 기가 막혔다.

이로써 호기롭게 떠나는 베트남 가족여행은 비행기조차 타 보지 못하고 무산될 위기에 놓였다.

"야! 그때 내가 몇 번을 말했어? 정신이 있는 거야 없는 거야? 와 짜증 난다 정말!! 아니 그걸 기어이 틀려? 너 어쩔 거야, 이 상황을!"

나는 분에 못 이겨 동생을 거칠게 몰아세우고 짜증을 부리기 시작했다.

내가 동생에게 짜증을 부리고 있을 때 나를 제외한 가족들과 항공사 직원은 머리를 모으고 이 상황을 어떻게 해결해야 할지 의논하고 있었다. 항공사 직원이 누군가에게 급히 전화를 걸자 그녀의 상사로 보이는 남자 직원까지 합세해 한참 동안 PC 앞에서 고군분투하더니 비로소 해결해 주었고 그제서야 우리 가족은 비행기에 오를 수 있었다.

기내에 앉아 아까의 상황을 돌이켜 생각해 보던 나는 이내 얼굴이 뜨겁게 달아올랐다.

30여 분의 시간 동안 모두가 해결책을 찾기 위해 머리를 모으고 있을 때, 나는 동생한테 짜증만 부린 것이다. 여행을 못 갈 수도 있는 긴급한 위기 상황에서 나란 인간은 화만 낼 줄 알지 아무 도움도, 해결책도 찾지 못하는 거추장스러운 존재일 뿐이었다.

뒤늦게 찾아온 수치스러움에 고개를 푹 숙인 채 핸드폰을 꺼내어 친구에게 한 통의 메세지를 보냈다.

"나는 성숙하지도, 현명하지도 못한 것 같아. 내 자신이 너무 부끄러워..."

그러자 친구에게 답장이 왔다.

"스스로 깨달았으니 됐어! 앞으로 현명해지면 돼."

자신의 어리석은 민낯을 마주한 나는 충격에 휩싸였고 그 사건을 계기로 현명해지기 위한 트레이닝을 시작했다.

하지만 애초부터 나는 이 트레이닝에 상당히 불리한 조건을 가지고 있었다. 타고난 기질이 예민해 감정 기복이 심했고 매사의 상황을 감정적으로 접근하니 이성적인 판단을 하기 어려웠다. 사회생활을 할 때도 업무적으로 얽힌 누군가와 협의점을 찾지 못하면 언성을 높이기 일쑤였고, 애인과 이별이라도 하면 세상이 다 무너진 것처럼 중심을 잃고 방황했다.

나는 매일같이 분노하고 슬퍼하는 데 엄청난 에너지를 쏟아붓고 있었다. 마치 괴로움을 느끼기 위해 돈을 투자하는 것처럼 상당히 비효율적인 인생을 살고 있었던 것이다.

반면, 현명한 사람들을 분석해 보니 공통적으로 드러나는 한 가지 특징이 있었는데 그들은 짜증, 분노, 절망 같은 부정적인 감정을 처리하는 시간이 보통의 사람들보다 훨씬 빨랐다. 이렇게 빠른 시간 동안 감정 처리가 가능한 이유는 감정을 에너지라는 하나의 재화로 보기 때문이다.

기쁨, 분노, 슬픔과 같은 다양한 감정은 마음이 뿜어내는 에너지를 원재료로 만들어지는데 우리는 매 순간 에너지를 한 곳에 선택하여 쓸 수밖에 없다. 분노와 기쁨을 동시에 느낄 수 없고 이성적인 사고와 감정적인 사고의 회로를 동시에 돌릴 수 없듯, 현명한 사람들은 자신의 에너지를 좀 더 투자가치 있는 쪽으로 선택해서 사용하는 방법을 알고 있었다.

당시 공항에서의 나는 비행기가 이륙하기 직전의 긴박한 골든타임 동안 문제 해결에 에너지를 쓰는 대신, 동생을 향한 분노에 모든 에너지를 탕진했다. 어리석음으로 가려진 좁은 시야 때문에 분노라는 감정에서 빠져나올 수 없었기 때문이다.

하지만 시야를 확장하는 트레이닝을 해 나가면서 점차 현명해질 수 있었는데, 가장 눈에 띄게 변화한 건 슬픔과 분노가 현저하게 줄어들었다는 점이다. 부정적인 감정에 쏟았던 에너지를 재빨리 해결책을 탐색하는 에너지로 변환하는 능력을 갖추기 시작한 거다.

지극히 감정형 인간이었던 내가 이성을 먼저 앞세울 수 있는 사고형 인간이 되기 위해 고안한 트레이닝은 실제 상황을 드라마라고 가정하는 방법이다.

지금 절망적인 상황 속에 있다면, 비련의 1인칭 주인공 시점에서 벗어나 드라마의 관객이 된 것처럼 3인칭 관찰자의 시점으로 멀찌감치 떨어져 전체적인 화면을 볼 수 있는 '시야 확장 트레이닝'을 꾸준히 해야 한다.

자신의 상황을 3인칭 관찰자의 시점에서 분석할 수 있는 능력이 생기면. 트레이닝 전과는 비교할 수 없을 정도로 놀라운 통찰력이 생긴다.

그동안 판단력을 흐리게 만들었던 감정의 늪에서 한결 자유로워지고 비로소 자신의 마음 에너지를 합리적인 방향으로 사용할 줄 아는 현명한 사람의 반열에 오를 수 있다.

이렇게 가장 효율적인 곳에 쓰인 에너지들이 매일매일 복리처럼 쌓여 누적되면 인생은 훨씬 풍요로워진다.

다산 정약용의 어록 중에 이런 말이 있다.

"한두 끼 굶고, 비쩍 마르거나 한 끼 배불리 먹고 금세 표가 나는 것은 천한 짐승들의 일이다. 상황의 작은 변화에 일희일비一喜一悲하는 것은 군자의 몸가짐이 아니다. 이랬다저랬다 감정의 기복이 잦은 것은 내면의 수양이 그만큼 부족한 탓이다.

한 치 앞을 내다보지 못한 채 들뜨고 가라앉지 마라. 세상을 다 얻은 양 날뛰지도 말고, 세상이 다 끝난 듯 한숨 쉬지도 마라. 바람이 불어 흔들 수 있는 것은 표면의 물결뿐이다. 그 깊은 물속은 미동조차 않는다. 웅숭깊은 속내를 지녀 경박함을 끊어라."

당신 수양의 깊이는 어느 정도인가?

작은 바람에도 요동치는 물결 위에서 휩쓸리고 있는가, 아니면 깊은 물속에서 차분하게 바람이 부는 방향을 분석하고 있는가?

구름이 가려 놓았던
진짜 하늘

"승객 여러분 안녕하십니까. 이륙 후 안내방송이
나올 때까지 반드시 안전벨트를 착용하여 주시기
바랍니다."

2020년 8월, 먹구름이 가득 끼고 장대비가 쏟아
지던 날 제주로 가는 비행기에 올랐다.

동그란 창문에 쉼 없이 그려지는 빗방울들을 멍
하니 들여다보다 이내 한숨을 내쉬었다. 그토록 원
했던 일도, 예쁘게 그려 왔던 사랑도, 모두 실패한

인생에서 도망치듯 홀로 떠나는 여행. 이왕 우울할 거면 제대로 우울하라고 날씨마저 완벽하게 도와 준다.

빗길을 가르며 활주로를 달리던 비행기가 이내 두둥실 떠오른다. 그렇게 하늘로 높이높이 날아오른 지 10분도 안 되어 먹구름을 뚫고 구름 위로 올라왔는데 구름 위의 세상은 믿기지 않을 정도로 '맑음'. 아무 군더더기 없이 새파란 하늘에 따스한 햇살이 내리쬔다.

땅에서 올려다볼 땐 무섭게 비를 토해 내던 먹구름마저 막상 위에서 내려다보니 솜사탕처럼 하얗고 몽실몽실한 귀여운 형상이다. 광활하게 펼쳐진 푸른 하늘에서 가장 낮게 떠 있는 구름이 만들어 내는 날씨들을 올려다보며 그게 하늘의 전부라고 여겨졌던 나는 한낱 미물이었구나...

동그란 창문에 얼굴을 내밀어 진짜 하늘의 색깔을 하염없이 들여다본다. 푸른 바다 끝, 어렴풋이

보이는 수평선마저 없는 이곳은 영원히 이어질 것
만 같은 푸른 공간 사이사이에서 잔잔히 새어 나오
는 햇살이 얼굴을 포근하게 감싸 온다.

여기가 구름이 가려 놓았던 진짜 하늘이었다.

"승객 여러분, 우리 비행기는 제주공항에 도착했
습니다. 비행기가 완전히 멈춘 후 좌석벨트 표시등
이 꺼질 때까지 자리에서 기다려 주십시오."

구름 속으로 비집고 내려가 제주공항에 착륙하
고 나니 두 시간 전에 있었던 김포공항으로 다시
돌아온 듯 어두컴컴한 하늘에서 장대비가 쏟아져
내리고 있다.

자리에서 툭툭 털고 일어나 캐리어를 끌고 공항
을 나서는데 나도 모르게 웃음이 새어 나온다.

비가 미친 듯이 쏟아지는 제주도에서 이제 막 여
행을 시작해야 하는데 왜 웃냐고?

"구름 속에 가려진 진짜 인생을 보고 왔거든."

나의 가치를 알아보는
사람은 반드시 있다

"언니, 내 친구가 주말에 파티 연다는데 같이 갈래?"

정말 오랜만에 들어 보는 파티 소식에 귀가 쫑긋해졌다.

그동안 회사-집-카페를 전전하며 노트북 앞에서 글만 쓰는 일상을 보내 왔는데 눈 깜짝하니 연말은 벌써 코앞으로 다가와 있었고 주변 사람들에게 살아 있냐는 안부 인사를 받을 정도였으니 좀 나돌아다닐 때가 되긴 했다.

친한 동생 윤정이의 남사친 혁이 호스트로 여는 파티였는데 그는 유튜브 광고 회사를 운영하면서 넓은 인맥을 가진 마당발이었다.

파티 당일이 되어 기대 반 설렘 반으로 파티 장소에 도착하니 그가 문 앞까지 나와서 반갑게 맞아주었다.

"어! 윤정이랑 친한 언니분이시죠? 반가워요 저 윤정이 고등학교 불알친구 혁이에요."

"아, 네 반가워요."

"네, 윤정이한테 이야기 많이 들었어요. 식사하셨어요? 뭐 좀 드세요 많이 시켜 놨어요."

혁을 따라 들어오니 다양한 부류의 사람들과 다양한 음식, 다양한 샴페인들로 가득했다. 다들 서로 모르는 사이로, 오로지 혁을 매개체로 연결된 자리였는데 파티의 숨겨진 취지를 알고 봤더니 혁이 본인의 생일을 자축하기 위해 벌인 깜찍한(?) 파티였다.

혁은 참석자들이 모두 모이자 오늘은 자신의 생

일이라고 공표했다. 그를 생전 처음 보자마자 생일 축하 노래부터 부르게 되어 조금은 당황스러웠지만 오랜만에 다양한 직업군의 사람들을 만날 수 있어서 즐겁고 신선한 자리였다.

생일 축하 노래를 들으며 흡족한 표정으로 케이크 촛불 의식을 마친 혁은 파티 참석자를 한 명 한 명 지목하며 사람들에게 소개해 주기 시작했는데 마치 '누가 제일 잘 나가' 콘테스트 같았다.

"이 형은 본업은 의사고 이번에 건강 보조제 사업을 하고 있는데 3차 완판이래요. 사업이 정말 잘되고 있어요."

"여기 여자분은 나이는 어려도 이태원에 3층짜리 파티룸 사장님이세요. 방송인으로도 활동했고요."

"이 누나는 미국에서 오랫동안 유학하다가 한국에 들어와서 디자이너로 일하고 있어요. 정말 능력 있는 분이에요."

"이분은 엄청 유명한 유튜버예요. 유튜브에 검색해

보면 나와요. 이따 가시기 전에 사진 찍어 두세요."

"이 큰형님은 최고 능력자예요. 돈이 엄청 많으세요. 술값도 잘 내시고요. 그냥 돈이 엄청 많아요."

"이분은 스물여섯 살, 이 자리에서 가장 막내고 능력 좋은 친구예요."

이제 소개해야 할 사람은 윤정이와 나뿐이었다. 혁은 윤정이에게 다가가 외쳤다.

"얘는 나의 불알친구 윤정이! 진짜 친해요. 고등학교 동창이거든요."

그러고는 옆에 앉아 있던 나에게 오더니 말했다.

"이 누나는 내 불알친구 윤정이의 친한 언니!"

모두들 능력 있는 사업가, 사장님, 유학파 디자이너로 소개되었지만 일개 회사원인 윤정이와 나는 '불알친구'와 '불알친구의 친한 언니'로 소개되었다. 다들 "네? 불알이요?"라며 껄껄 웃어 댔는데 불길한 불알의 서막은 이제부터가 시작이었다.

혁은 사람들이 건네는 생일주를 연거푸 들이키더니 얼마 안 가 만취해 버렸는데 자꾸만 윤정이와

나를 보며 '내 불알친구'와 '불알친구의 친한 언니'
라고 귀에 딱지가 앉도록 불러댔고 졸지에 쌍방울
자매가 된 우리에게 사람들은 "이쯤 되면 진짜 불
알이 있으실 거 같아요."라며 농담을 건넸다.

파티에 온 사람들은 두둑한 명함지갑을 꺼내 서
로 명함을 교환하기 바빴다. 아직 이름조차 외우지
못했는데 자꾸만 손에 쥐여 주는 명함들로 내 카드
지갑은 오븐에 넣은 빵처럼 빵빵하게 부풀어 올랐다.

파티에 명함을 챙겨 오지 않은 사람은 쌍방울 자
매와 이 자리에서 가장 막내라는 스물여섯 여성분
까지 총 세 명이었다.

"우리 말고 명함을 안 가져온 사람이 한 명 있긴
있네."

라고 생각하던 찰나, 혁이 스물여섯 살 막내에게
"너 한남○힐에서 살잖아."라고 말을 걸었고 순간
자리에 있던 모든 사람들의 이목이 그녀에게 집중
되었다. 그녀는 수줍게 웃으며 "왜 이래, 어차피 부
모님이 재산 한 푼도 안 물려주신대."라며 손사래

를 쳤는데 그때 알았다. 우리는 명함이 '없는' 거고 그녀는 명함이 '필요 없는' 거였다는 사실을...

막내가 한남○힐에서 산다고 하자 앞서 소개한 의사, 사업가, 해외파 디자이너, 사장님, 유명 유튜 버에도 별다른 반응이 없던 사람들이 모두 격하게 환호했다.

그렇게 오늘 밤 '누가 제일 잘 나가' 콘테스트 영예의 대상은 CEO라고 적혀 있는 각종 명함들을 모두 제치고 이제 갓 20대 중반을 넘긴 한남○힐 거주자에게로 돌아갔다.

"역시 여자는 능력이 있어야 해."

내 옆에 앉아 있던 사업가가 이야기하자 반대편에 앉아 있던 의사가 "형님 저도 공감합니다. 요즘은 여자도 능력이 필수죠."라고 화답했는데 그들이 말하는 능력은 단지 부모님 집인 한남○힐에 거주하고 있는 걸 이야기하고 있었다.

하긴... 요즘 세상에 금수저가 최고의 능력이라는 건 알고 있지만 막상 테이블에서 오가는 이야기를 직접 두 귀로 들으니 마음 한켠이 씁쓸해졌다.

시간은 어느덧 자정을 지나고 있었고 '누가 제일 잘 나가' 콘테스트 첫 번째 탈락자는 집에 가고 싶어졌다.

나는 자리에서 일어나 사람들에게 작별 인사를 건네고 밖으로 나섰다. 그런데 혁이 "이 큰형님은 최고 능력자예요. 돈이 엄청 많으세요. 술값도 잘 내시고요. 그냥 돈이 엄청 많아요."라고 소개했었던 큰형님이 갑자기 외투를 급하게 걸치더니 따라 나오셨다.

"추운데 들어가세요. 혼자 갈 수 있어요."

나는 아직 어색한 그가 부담스러워 배웅을 사양했지만 큰형님은 기어이 따라 나와 택시를 함께 기다려 주었다.

주황빛 가로등 아래, 쌀쌀한 밤바람을 타고 어색한 공기가 흐르는데 큰형님이 먼저 정적을 깨고 말

문을 열었다.

"사람은 그 사람만이 풍기는 고유의 향기가 있어야 해."

"향기요?"

"응. 그런데 요즘은 향기를 가진 사람을 찾는 게 쉽지 않아. 하지만 그쪽은 본인만의 뚜렷한 향기를 가지고 있어. 분위기라고 설명해야 하나? 아무튼 오늘 함께해서 즐거웠어! 오랜만에 그런 사람을 볼 수 있어서 좋았거든."

그가 한 말의 의미가 뭔지 생각해 보기도 전에 콜택시가 도착했다. 나는 큰형님에게 함께 기다려 주셔서 감사하다고 인사를 드리고 택시에 탔는데 그는 택시 앞 좌석 창문을 두드리더니 기사님께 5만 원짜리 현금을 건네면서 "집까지 안전하게 모셔다 주세요."라고 말하고는 쿨하게 돌아섰다.

그날 이후 큰형님에게 "밥 한번 먹자." "술 한잔하자." 같은 뻔한 연락은 단 한 통도 오지 않았다.

그에게서 연락이 오지 않자 비로소 마음이 따뜻해졌다. 비록 '누가 제일 잘 나가' 콘테스트에서 첫 번째로 탈락했지만 나의 진정한 가치를 알아봐 주는 사람은 어딘가에 분명 존재하고 있다는 걸 그가 다시 한번 일깨워 줬다.

지구상 최상위 포식자의 고뇌

"여왕님... 안타깝게도 유산하셨습니다."

열다섯 번째 시도한 임신마저 결국 실패하였다. 여왕은 힘겹게 일으킨 몸을 다시 침대에 묻고 깊은 한숨을 내쉬었다. 이대로 잠든 채 편안하게 죽고 싶지만 애꿎은 목숨은 도통 끊어지질 않는다.

방문 너머로 들려오는 요란한 공사 소리와 인부들의 웅성거림에 시녀를 불러 이유를 물어보았더니 새로운 여왕을 모시기 위해 옆방에 리모델링 공사가 시작되었다고 한다.

시간이 얼마 남지 않았다. 후보 중에 새로운 여왕이 확정된다면 즉위식 하루 전날 여왕은 숙청될 것이다.

다음 날 아침, 여왕이 몸을 일으켜 옷매무새를 정돈하자 시녀가 다가와 이야기했다.

"여왕님 이네스 근위병이 찾아왔습니다."

"들라 하라."

즉위식 때부터 항상 곁을 지켜 온 오래된 벗과 같은 이네스가 전장에 나간 후로 한동안 볼 수 없었는데 오랜만에 그녀를 만나는 건 여왕에게는 정말 기쁜 일이었다.

"여왕님께서 요즘 산책을 나가시지 않는다 하여 오랜만에 함께 산책하고자 찾아왔습니다."

"듣던 중 반가운 소리구나. 나갈 채비를 마쳤으니 앞장서거라."

이네스의 뒤춤에 있는 독침이 햇빛에 반사되어 반짝거린다. 하지만 그녀와 함께하는 마지막 산책을 어찌 마다할 수 있겠는가! 여왕은 환하게 웃으며 기꺼이 그녀를 따라나섰다.

　잔혹함으로는 어떤 시대에도 뒤지지 않는 이 왕정 스토리는 한 양봉업자가 운영하는 유튜브 채널에서 꿀벌들이 산란을 하지 못하는 여왕벌을 숙청하고 여왕벌의 시체를 벌집 밖으로 내다 버리는 영상을 보고 의인화한 이야기다.

　꿀벌 세계의 룰은 꽤나 정확해서 이 룰을 알고 있는 양봉업자는 벌집 앞에 버려진 여왕벌의 시체만 보아도 산란을 하지 못해 숙청을 당했을거라고 추측했다.

　그의 추측대로 여왕벌의 시체가 놓인 곳에서 가장 가까운 벌통을 열어 보니 산란한 알은 전혀 보이지 않았고 벌집 안에는 새로운 여왕벌을 만들어 내기 위해 지은 왕대가 열 개나 만들어져 있었다. (왕대는 여왕벌이 될 알을 받아 벌이 될 때까지 기르는 벌집을 말한다)

꿀벌들의 세계는 경이롭다. 꿀벌의 신분은 여왕벌, 일벌, 수벌로 나뉘는데 그들은 신분에 따라 조직에서 맡은 사명이 다르다.

여왕벌은 집단에서 유일하게 번식력이 있는 암컷으로 다섯 마리에서 열 마리가량의 수벌과 짝짓기를 하며 알을 낳는다. 여왕벌이 하는 유일한 임무는 오로지 번식뿐이다.

일벌은 모두 암컷이며 번식 이외의 생존에 필요한 모든 활동을 처리한다. 일벌 역시 암컷이기에 산란관을 가지고 있지만 평상시에는 알을 낳지 않는다. 일벌들은 다양한 임무를 나누어 수행하는데 여왕벌의 몸을 씻기고 로열젤리를 먹여 주는 시녀 역할을 하는 일벌, 배에 있는 납선에서 밀랍을 생성해 집을 만들고 보수하는 일벌, 꿀과 꽃가루를 채집하고 급수작업을 하는 일벌, 다른 벌집에서 날아온 꿀벌이나 말벌을 상대로 전투를 하는 일벌 등이 있다.

수벌은 번식 기능만 가능하며 심지어 애넨 독침조차 없다. 싸울 일이 전혀 없을뿐더러 먹이조차 자기 손으로 먹지 않는다. 수벌의 유일한 임무는 여왕벌과의 짝짓기뿐이다. 이런 수벌이 마냥 꿀 빠는 것 같지만 알고 보면 정말 불쌍하다. 짝짓기에 성공하는 순간 생식기가 잘려 나가 그 자리에서 즉사하며 짝짓기에 실패한 수벌들은 짝짓기 시즌이 지나면 벌집에서 모두 쫓겨난다. 힘으로 버텨서 나가지 않는다 해도 일벌들이 먹이를 주지 않아 결국 굶어 죽는다.

그들의 세계에서는 조직에 쓸모없는 존재가 되면 철저하게 죽임을 당한다. 한낱 미물인 꿀벌 주제에 뭐 그리 장렬하게들 사는지 모르겠다.

하긴 사방에 천적이 있는 꿀벌들이 내 이야기를 들으면 격분하겠지. 나는 천적이 존재하지 않는 지구상 최상위 포식자인 인간이니까.

하지만 최상위 포식자로 살아도 고충은 있다. 조직을 이루고 살아가는 꿀벌사회와 인간사회는 매우 비슷하지만 내가 포함된 사회의 구성원은 꿀벌이 아닌 지구상에서 가장 뛰어난 지능을 가진 생명체들이라니... 이것 또한 만만치 않은 문제다.

가장 뛰어난 존재들이 만들어 낸 사회에서 아직도 한참 부족한 내가 어떤 사명을 가지고 살아야 조금이나마 보탬이 될 수 있을까? 이건 단순히 집단의 생존을 위한 사명을 넘어선 개인과 사회의 이상 실현까지 포함된 고차원적인 문제다.

연애도 못하고 있는 와중에 번식이 사명인 여왕벌은 불가능하니 일벌로 살아야 하는데... 전투력도 없어서 전투벌도 불가능하고, 나 하나 건사하기도 힘들기 때문에 여왕벌의 시중은 어려울 것 같고 그럼 노멀하게 꿀 나르는 사명으로 살아야 할 것 같은데 무슨 꿀을 날라야 벌집을 더 풍성하게 만드는데 조금이나마 도움이 될 수 있으려나...

한참을 곰곰이 생각해 보았는데 나는 그나마 소질 있는 글이라는 꿀을 날라야겠다. 혹시 모르지, 꾸준하게 열심히 나르다 보면 내 글이 이 사회에 로열젤리가 될 수도 있지 않을까?

설사 로열젤리가 되지 못한다 해도 지구상에서 최상위 지능을 가진 인간이 만든 거대한 벌집에 내가 나른 꿀이 한 칸이라도 담기는 건 충분히 의미 있는 일이다.

우아한 태도가
가장 강력하다

1판 1쇄 펴낸날 2023년 11월 24일

지은이 손서율

책만듦이 김미정
책꾸밈이 서승연

펴낸곳 채륜 펴낸이 서채윤
신고 2007년 6월 25일(제2009-11호)
주소 서울시 광진구 자양로 214, 2층(구의동)
대표전화 1811.1488 팩스 02.6442.9442
book@chaeryun.com www.chaeryun.com

책값은 뒤표지에 있습니다.
ISBN 979-11-90131-15-5 03190